GERAÇÕES EM EBULIÇÃO:
O PASSADO DO FUTURO E O FUTURO DO PASSADO

MARIO SERGIO CORTELLA
PEDRO BIAL

GERAÇÕES EM EBULIÇÃO:
O PASSADO DO FUTURO E O FUTURO DO PASSADO

PAPIRUS 7 MARES

Capa	Fernando Cornacchia
Transcrição	Nestor Tsu
Coordenação e edição	Ana Carolina Freitas
Diagramação	DPG Editora
Revisão	Isabel Petronilha Costa

Dados Internacionais de Catalogação na Publicação (CIP)
(Câmara Brasileira do Livro, SP, Brasil)

Cortella, Mario Sergio
   Gerações em ebulição: O passado do futuro e o futuro do passado/Mario Sergio Cortella, Pedro Bial. – Campinas, SP: Papirus 7 Mares, 2018. – (Coleção Papirus Debates)

ISBN 978-85-9555-014-8

1. Ansiedade 2. Diálogos 3. Jovens – Comportamento 4. Juventude 5. Política 6. Reflexões I. Bial, Pedro. II. Título. III. Série.

18-17573   CDD-100

Índice para catálogo sistemático:

1. Filosofia   100

Cibele Maria Dias – Bibliotecária – CRB-8/9427

1ª Reimpressão – 2018

Exceto no caso de citações, a grafia deste livro está atualizada segundo o Acordo Ortográfico da Língua Portuguesa adotado no Brasil a partir de 2009.	Proibida a reprodução total ou parcial da obra de acordo com a lei 9.610/98. Editora afiliada à Associação Brasileira dos Direitos Reprográficos (ABDR). DIREITOS RESERVADOS PARA A LÍNGUA PORTUGUESA: © M.R. Cornacchia Editora Ltda. – Papirus 7 Mares R. Barata Ribeiro, 79, sala 316 – CEP 13023-030 – Vila Itapura Fone/fax: (19) 3790-1300 – Campinas – São Paulo – Brasil E-mail: editora@papirus.com.br – www.papirus.com.br

E se procurarem saber por que todas as imaginações humanas, frescas ou murchas, tristes ou alegres, se voltam para o passado, curiosas de nele penetrarem, acharão sem dúvida que o passado é a nossa única forma de passeio e o único lugar onde possamos escapar de nossos aborrecimentos cotidianos, de nossas misérias, de nós mesmos. O presente é turvo e árido. O futuro está oculto.
Anatole France

*O que aconteceu ainda está por vir
E o futuro não é mais como era antigamente.*
Renato Russo

Oração do ansioso

Viver o momento, sim, mas quando o será?
Se espero o momento,
posso perdê-lo;
se não, também.
E quando chegar o momento, como reconhecê-lo,
entre tantos outros, univitelinos?
Como saber em que momento
começa o próximo momento
e termina o anterior?
O intervalo entre dois momentos,
como se chama,
senão momento?
E, passado tal momento,
qual será o momento de lembrar aquele momento
— posso o esquecer no exato momento
de chegar o momento que vem anunciar
o próximo momento.
Será nessa fricção
entre o momento anterior
e o seguinte
o exato momento em que
o tempo sopra como vento?

Será tempo o vento que espalha os grãos de areia?
Será a areia?
Será medido em grãos ou graus,
será perdido ou acumulado, será aprisionado ou liberto,
em que lado da ampulheta?
No momento que não chega, encontrarei a chance de reviver o momento
extraviado?
Em que momento
guarda-se o instante na estante da memória?
Procuro, entre as notas da partitura do acaso
e seus sábios silêncios,
o momento em que
todos os momentos
deixarão de ser muitos, tantos, grãos, graus, degraus numa escada
sem cima nem baixo, para
tornarem-se um – tapeçaria inconsútil, sem núcleo, átomos ou
células, sem antes nem depois –,
    um só aplastado, espalhado, achatado, derradeiro, defunto
    momento.

Pedro Bial, 2017

SUMÁRIO

"O futuro não é mais como era antigamente" 11

A idealização do passado 27

"Jovens, envelheçam!" 35

Juventude e participação política 49

A falácia do *carpe diem* 57

Velozes e ansiosos 69

Jovens sem causa 77

Sem ócio não há negócio 87

O valor do tempo 97

Glossário 107

N.B. Na edição do texto foram incluídas notas explicativas no rodapé das páginas. Além disso, as palavras em **negrito** integram um **glossário** ao final do livro, com dados complementares sobre as pessoas citadas.

"O futuro não é mais como era antigamente"

Pedro Bial – Nós somos um país fundado na saudade. A saudade do português, a saudade do negro – o banzo –, do índio...

Mario Sergio Cortella – ... a saudade do futuro.

Bial – Sim! A gente já nasce com saudade do futuro.

Cortella – Nós somos o único povo do mundo que tem saudade do futuro. Dói na gente o país que vamos ser um dia, aquilo que ainda vai acontecer.

Bial – Somos o país do futuro, vaticinou **Stefan Zweig** – ele não disse "seremos" ou "seríamos", mas sim "somos", uma eterna promessa, irrealizada para sempre, ou realizada psicoticamente, como aliás ficou patente na era lulo-petista, quando se afirmou, sem base no real, que tínhamos chegado ao futuro, nos tornado uma grande nação, que nossos problemas imemoriais tinham sido superados, que, bem ao estilo Organizações Tabajara,* nossos problemas tinham acabado –, enquanto continuávamos a chafurdar na lama fétida de um país sem saneamento básico. Messianismo instantâneo, em pó, psicótico como o maluco que, querendo ser **Napoleão**, simplesmente assim se declara: "Sou Napoleão". O resultado? Ponha na conta de Zweig que, aliás, escreveu o livro *Brasil, um país do futuro* para conseguir o visto de residência com o "pai dos pobres" original, **Getúlio Vargas**. Foi morar em Petrópolis, onde se matou, junto com a mulher. O Brasil carrega, portanto, essa maldição que Zweig pregou na gente.

Cortella – É dele, aliás, a ideia de que nós construiríamos uma outra forma de nação.

Percebo que, quando pensamos na saudade do futuro, essa herança lusitana nossa, quase que ibérica, do **dom Sebastião** que um dia vai voltar e nos levar em direção a um futuro brilhante, exuberante etc., sofre uma interrupção mais acentuada entre os jovens nos anos 80. Quando **Renato Russo**, em 1986, canta: "O futuro não é mais como era antigamente",**

---

* Conglomerado fictício, criado pelo grupo de humor Casseta & Planeta na década de 1990, que anunciava produtos de qualidade duvidosa, sempre com o *slogan* "seus problemas acabaram". (N.E.)

** Verso da música "Índios", composta por Renato Russo. (N.E.)

esse sentimento nostálgico ou melancólico é uma interrupção dessa lógica. As gerações mais novas talvez não tenham tanta clareza em relação ao que isso significa na metade daquela década. E eu gosto demais dessa frase: "O futuro não é mais como era antigamente". Primeiramente, porque ela é uma frase aparentemente óbvia. Mas ela não é óbvia de vez. É óbvio que se possa dizer que o futuro sempre foi assim, e é claro que ele nunca mais será como antigamente. Mas acredito que o que Renato Russo fala na música, que é o que eu sinto, é que temos uma outra compreensão do que é futuro em relação ao que já se teve em outros momentos da história.

Bial – Precisamos contextualizar o *rock* que acontecia naquele momento do início da década de 80 no Brasil. Hoje, é possível entender melhor o que foram os anos 80. Havia a Nova República, a redemocratização... E, como a censura tinha amordaçado a arte brasileira, havia toda uma expectativa sobre o que estava nas gavetas dos artistas brasileiros que tinham sido manietados pela censura. Só que dentro das famosas gavetas não havia nada! Nada saiu de lá. O que veio com a liberdade de expressão foi o *rock* Brasil. Foi **Cazuza**, Renato Russo...

Cortella – Sim, na sequência os Titãs[*]...

---

[*] Banda de *rock* nacional formada em São Paulo, na década de 1980, hoje integrada por Branco Mello, Sérgio Britto e Tony Bellotto, acompanhados por Beto Lee e Mário Fabre. (N.E.)

Bial – Renato, talvez, tenha sido o mais explícita e messianicamente político de todos esses artistas num primeiro momento. Mais tarde, os Titãs avançariam em provocações num registro mais *pop* e comportamental. Cazuza politizaria suas letras com a doença e a proximidade da morte. Ele afirmou, inclusive, ter canalizado sua energia autodestrutiva, sua virulência indiscriminada, em direção à tragédia brasileira e a seus atores.

Cortella – O que acho curioso é como essa geração, seja com Renato Russo e a música "Índios", seja, por exemplo, depois com os Titãs e a ideia de "Epitáfio", no início dos anos 2000, sai de um movimento extremamente denso que foi o momento opressivo de 1964 a 1985, como você lembrou, de censura, dificuldades, anulação de liberdade etc., com uma perspectiva nostálgica. Isto é, como é que alguém que não tinha ainda vivência de um tempo que fosse mais tenebroso poderia dizer que "o futuro não é mais como era antigamente" ou, mais adiante, os Titãs: "Devia ter amado mais, ter chorado mais, ter visto o sol nascer"? Para mim, é muito curioso entender de onde vem essa lamentação. Eu, que tenho uma admiração imensa pela obra de Renato Russo, percebo quase uma lamúria nisso que ele canta. Parece que nós perdemos alguma coisa em algum lugar ao dizer que "o futuro não é mais como era antigamente" ou "devia ter amado mais, ter chorado mais". E isso feito por pessoas muito jovens. Como é que um jovem naquele contexto, naquele movimento, faz ali quase um pós-*punk* britânico? Ele mexe com a nostalgia, não sei se você identifica isso, Bial.

Bial – Vejo isso talvez como uma certa melancolia que é própria do caráter brasileiro, da formação de nossa cultura – fruto do encontro em desterro das três raças tristes.* Como dissemos, o Brasil é fundado no sentimento da saudade.

Cortella – Eu cresci como jovem de idade nos anos 70. Nos anos 60, eu tinha por volta de 15 anos. A minha maneira de ser mais adulto, mas ainda jovem de idade, foi nos anos 70. A minha geração de nascimento – que estava, sim, mergulhada num governo estruturalmente autoritário e numa vida abafada – queria o país do futuro. Mas essa geração posterior, já quase libertada da condição opressiva e ditatorial no campo da vida pública, vai trabalhar com aquilo que você chama muito bem de melancolia, Bial. Melancolia é aquilo a que os gregos chamavam de bile negra. E é aquilo a que, hoje, chamamos de depressão. Eu não consigo capturar essa ideia melancólica, essa percepção um pouco gótica e trágica da vida que percebo entre os jovens. Tenho curiosidade em saber como você enxerga isso como reflexão.

---

* Referência à formação da sociedade brasileira por brancos europeus, índios e africanos. (N.E.)

Bial – Isso é bastante misterioso. Enquanto você falava, eu pensava na ambivalência disso tudo. Porque essa melancolia me soa como algo meio arcaico. Essa frase – "O futuro não é mais como era antigamente" – vem como uma resposta, como uma manifestação da liberdade de expressão depois da ditadura. Mas a ditadura vem modernizar. Houve uma modernização inegável com a ditadura. Portanto, entre tantas coisas, existe ainda mais esse complicador: o Brasil é moderno.

Cortella – Sim, esse é um dos legados da ditadura.

Bial – Até hoje vivemos esta ambivalência: a melancolia está na base jeca, mas a cabeça já está na modernidade. Nós pulamos do século XVI para o XXI sem resolver os problemas daquela época.

Cortella – Sem dúvida. Você levantou agora algo que mexe demais comigo. O governo ditatorial, nos anos 60, 70 e uma parte dos anos 80, de fato introduz o Brasil no capitalismo mais contemporâneo. E, ao fazê-lo, claro, vai estruturar a área industrial, de comunicações, de transportes, de energia, de tecnologia...

Bial – Ele consagra a unificação territorial e linguística.

Cortella – E a ideia de uma comunicação que seja nacional etc. O problema é que nós não tivemos essa transição de maneira mais paulatina como em outras nações. Nós não tivemos essa passagem mais meditada, mais vivenciada no dia a dia. De fato, nós saltamos da roça para a metrópole de maneira muito violenta.

Bial – E em poucas décadas. Com a urbanização, de que você está falando, vieram ainda a industrialização e o envelhecimento da população.

Cortella – Isso trouxe algo muito curioso também que é o fato de que nós começamos a ter algumas dores... Que não eram dores que deveríamos sentir – e essas estou novamente identificando no Renato Russo e no Cazuza. Por exemplo, em 2018, comemoramos 50 anos do Maio de 68,[*] que repercutiu aqui no Brasil também. Fazia pouco tempo que eu estava em São Paulo, havia me mudado no final de 1967. Na época, eu estava entrando no ensino médio, como se chama hoje. Morando na região central de São Paulo, vivi muito daquilo que foi uma importação, uma transferência quase que artificial das batalhas de 68 na Europa – ela, sim, que havia passado por uma industrialização anterior, por um movimento de construção democrática.

Bial – Mas você acha que o que aconteceu aqui, no Brasil, foi algo artificial?

---

[*] Onda de protestos na França, que teve início com manifestações estudantis por reformas na educação e que contou, depois, com a adesão dos operários, que entraram em greve para reivindicar melhores salários e condições de trabalho. (N.E.)

Cortella – Acho que é artificial por uma razão – é por isso que eu queria chegar a esse ponto. De repente, nós começamos a ler **Marcuse**. E Marcuse discute a sociedade pós-industrial nos anos 70, quando nós tínhamos acabado de chegar à sociedade industrial. De repente, embora a nossa condição econômica seja a da modernização, como você chamou, a nossa dor é a de uma sociedade pós-industrial.

Bial – Academicamente, você tem razão: foi artificial. Mas, artisticamente, no ano anterior, em 1967, **Caetano** e **Gil** já tinham feito a Tropicália.[*]

Cortella – E como você identifica esse movimento?

Bial – É um anúncio anterior a tudo isso. Quer dizer, é uma expressão artística do que 1968 vai consagrar na esfera do comportamento na França, em Paris, e nos Estados Unidos, em Berkeley, Nova York, com Woodstock[**]...

Cortella – "É proibido proibir" é um grito de quê? Como você vê?

---

[*] Movimento que revolucionou a música brasileira, com guitarras elétricas e letras de protesto, e também influenciou a moda e o comportamento da época. (N.E.)
[**] Festival de música realizado em agosto de 1969 numa fazenda na cidade de Bethel, nos Estados Unidos, ao qual compareceram 400 mil espectadores. Símbolo da contracultura do final da década de 1960 e começo da de 1970, contou com a presença de 32 dos mais conhecidos músicos da época. É reconhecido como um dos maiores momentos na história da música popular. (N.E.)

Bial – Na verdade, Caetano canta "É proibido proibir" em 1968. Em 1967, é "Alegria, alegria". Quando ele canta "É proibido proibir", é porque já tinham pichado isso em Paris.

Cortella – Em 1967, a estrutura do governo militar-empresarial nem era tão aguda ainda.

Bial – Mas, esteticamente, Caetano cantou a *radicalização*, o que viria a ser.

Cortella – Claro, mas ao cantar "Alegria, alegria" Caetano fala de uma sociedade pós-industrial que não tínhamos ainda. Não que eu seja avesso a isso; ao contrário. Essa música também foi um hino para parte da minha geração. Mas quando ele diz: "Caminhando contra o vento", a ideia do "*on the road*", de botar o pé na estrada – retomando o desejo expresso por **Jack Kerouac** no livro com o mesmo título –, e mais tarde do "sem destino"...

Bial – De que **Bob Dylan** já havia falado anos antes.

Cortella – ... lá fazia sentido. Não estou dizendo que a Tropicália seja extemporânea. Aliás, quem entende disso é o **Celso Favaretto**, que escreveu o primeiro livro denso sobre esse movimento. Mas é um movimento que me parece não deslocado, mas precoce. Digamos que Gil e Caetano sejam precoces. Por que estou levantando isso? Porque há uma diferença entre ser de vanguarda e ser precoce. Um sujeito de vanguarda tem a intenção de trazer parte do que será o futuro para o agora. Já no caso da Tropicália – sem querer analisá-la, porque não é a minha área, mas tomando-a por seu espírito, já que "Meninos, eu vi!",* eu estava lá, cresci exatamente com os festivais –, acho que é um movimento precoce, por não ter ainda a maturação que, com eles, vai ser antecipada e apropriada, aí sim produzindo efeitos vanguardistas e polêmicos.

Mas eu não queria perder essa sua intuição, Bial, que acho magnífica, de que os artistas foram capazes de antever e de anunciar o que viria.

Bial – Também não sei expressar isso muito claramente, não. Mas é impressionante, tem qualquer coisa de *self-fulfilled prophecy*,** profecia autocumprida, como se depois que anunciassem o que poderíamos ser, passássemos a trabalhar para o realizar. Você viu o filme de **João Moreira Salles**, *No intenso agora*?*** É muito estimulante, profundo. Ele fala da alegria, da grande felicidade de 1968. Nesse sentido, tem uma rima entre "Alegria, alegria", de 1967, e o Maio de 68, em Paris.

---

* Referência a uma estrofe do poema "I-Juca Pirama", de Gonçalves Dias (1823-1864). (N.E.)

** Conceito elaborado pelo sociólogo americano Robert K. Merton (1910-2003), para explicar como uma premissa originalmente falsa pode mudar comportamentos de modo que se torne verdadeira. (N.E.)

*** Documentário de 2017 que trata da natureza efêmera de momentos de grande intensidade. (N.E.)

Cortella – A ideia do "É proibido proibir" que aparece com força é a do "ousemos saber", "queiramos o impossível". Que é o lema de **Kant**, no século XVIII: *Sapere aude* – "ouse saber". O lema do Maio de 68, na França, é: "ouse viver", "ouse existir". Estou apontando nessa direção, Bial, porque vivenciei uma parte disso. E eu ficava imaginando o que isso significava do ponto de vista da estética. Do ponto de vista político, para mim, era nítido naquela época, e também agora, quem eram os adversários. Mas não tenho clareza do porquê de Caetano e Gil levantarem aquela temática, quase uma bandeira estética, a não ser como um movimento – e aí, sim, isso teria relação com Marcuse importado artificialmente – de uma oposição, por exemplo, à musicalidade do Rio de Janeiro, de São Paulo etc. Sem que fosse um enfrentamento tolo de uma geração que quer descartar a outra, mas a possibilidade de trazer um movimento. O que é o movimento *hippie* no Brasil, senão a "Alegria, alegria" etc.?

Bial – É um movimento que deve muito ao Modernismo,[*] a **Oswald de Andrade** e a sua turma, porque ele aparece como uma continuidade daquilo, mas, ao mesmo tempo, entra em imediata autodeglutição. Mesmo porque, paradoxalmente, o Modernismo rapidamente se torna canônico no Brasil. Se pensarmos que, em 1967, Gilberto Gil participa de uma passeata contra a guitarra elétrica e, logo depois, toca com Os

---

[*] Movimento artístico e literário caracterizado pela liberdade de criação. (N.E.)

Mutantes, com guitarra elétrica,* vemos que ele se deglute. Nesse sentido, o artista Gil retorna, ainda que intuitivamente, aos fundamentos do Iluminismo de Kant: ali, no embalo da Revolução Científica, antes de "ouse saber", houve, pela primeira vez na história humana, a confissão de nossa ignorância, "ouse reconhecer que não sabe".

Cortella – Essa antropofagia oswaldiana é magnífica! Isso que você lembrou é algo maravilhoso. Há, sim, uma influência do Modernismo, da perspectiva seja oswaldiana, seja de **Mário de Andrade**, na Tropicália. Eu gosto de imaginar o quanto **Drummond**, quando brinca com o poema "No meio do caminho", trabalha numa perspectiva que é fazer algo que mais tarde a Tropicália, no meu entender, vai trazer novamente. "Tinha uma pedra no meio do caminho" é um gracejo a "*Nel mezzo del cammin*", de **Olavo Bilac**, que, por sua vez, faz uma brincadeira com a *Divina comédia*, de **Dante**. A primeira frase do "Inferno" na *Divina comédia* é: "*Nel mezzo del cammin di nostra vita*"...

Bial – "... encontrei-me numa selva escura..."

Cortella – Exatamente. Isto é, no meio do caminho tinha uma pedra. E quando Dante escreve isso, ele está falando de alguém que tem 30 e poucos anos de idade.

---

* "Domingo no parque". (N.E.)

Bial – Trinta e cinco anos. Exatamente o meio do caminho da vida.

Cortella – Nos dias de hoje, sim, mas não naquela época.

Bial – Mas esse era o sentido do verso, segundo estudiosos, embora, sem dúvida, 70 anos naquela época fosse uma expectativa de vida alta.

Cortella – Há 100 anos, a idade de vida média no planeta era de 40 anos. Portanto, um cara aos 35 anos, no século XIII, dizer que está no meio do caminho da vida dele é alguém que guarda bastante expectativa.

Bial – E acho que Dante viveu bastante...

Cortella – Sim, ele morreu com 56 anos.

Bial – Foi uma vida longa para a época, talvez porque Dante pertencesse à elite.

Cortella – Ele não teve Beatriz,* mas, em sua crença, pôde encontrá-la relativamente cedo para nós.

Bial – Isso se ele não foi para algum círculo do Inferno...

Cortella – São nove, apenas! **Platão** colocava os artistas no último círculo de seus infernos. Dante, não necessaria-

---

* Amor platônico de Dante Alighieri, Beatriz foi a musa inspiradora de suas obras. Morreu muito jovem, com cerca de 25 anos. (N.E.)

mente. Lá, ele colocava os papas e os políticos – Dante era um homem atual!

Bial – Mas eu estava pensando justamente nisto, nessa expectativa de vida que era de 40 anos...

Cortella – Há 100 anos.

Bial – Eu pensava no que tornava sensata a divisão do tempo, que é uma ideia do século XIX, pós-Revolução Industrial, da seguinte forma: um terço da vida a ser dedicado ao estudo; outro, ao trabalho; e o último, à aposentadoria.

Cortella – Essa ideia é o que levará à regulação sindical. E por estranho que pareça, é o **papa Leão XIII** quem vai fazer uma encíclica no final do século XIX chamada *Rerum novarum – Das coisas novas –*, defendendo não só o direito à sindicalização, quando a própria Europa era contra, mas também a divisão do trabalho dessa forma. Imagine, um papa falar de modernidade!

Bial – De quando é essa encíclica?

Cortella – É de 15 de maio de 1891.

Bial – Essa divisão temporal da vida acabou hoje de uma maneira estrondosa. Em primeiro lugar, nós nunca podemos parar de estudar, em nenhuma categoria profissional. Não se esgota o tempo de estudo em um terço da vida. Também não vamos parar de trabalhar...

Cortella – A suposição era de que, de zero a 20 anos, estamos em formação; dos 20 aos 40, somos reprodutivos e produtivos; e dos 40 aos 60, nos preparamos para o *check-out*. A perspectiva era essa.

Bial – Mas 60? Aos 60 ainda há vida *pra* chuchu pela frente!

Cortella – Nos dias de hoje, sim. Mas não na minha geração de nascimento – e estou reforçando a expressão "a minha geração de nascimento".

Bial – Então, estamos falando da *nossa* geração: você tem 64 e eu, 60.

Cortella – Mas, a *minha*, quando digo, é porque tenho várias gerações. A minha geração, em que nasci e que acompanhei até determinada idade, não necessariamente coincide com a minha geração de agora. Por exemplo, nós temos duas profissões diferenciadas, mas que se agregam na ideia de comunicação. A você, cabe relatar – como coube, especialmente como repórter – o cotidiano. A mim, cabe lidar com a história. Quando olho para o tempo, estou pensando em dois mil e quinhentos anos atrás, em Platão, **Aristóteles**... Para quem lida

> Eu acho que algumas pessoas vivem a ideia do "seu tempo" como sendo o futuro, e não como sendo um passado nostálgico.

com a comunicação no jornalismo, que tem a instantaneidade como marca, o cotidiano tem uma presença maior. Por isso, quando digo "a minha geração de nascimento", ela não coincide com os vários momentos em que estive junto com outras gerações. Eu, por exemplo, não vejo você, Bial, como alguém da geração dos anos 50, mas sim como alguém que nasceu nos anos 50. A sua geração acompanhou vários lugares e vários tempos em que se diria: "O Bial é um homem de agora". **Millôr Fernandes**, aos 80 anos de idade – ele morreu com quase 88 –, dizia: "Atenção, moçada, quando eu disser 'no meu tempo", quero dizer daqui a dez anos". Eu acho que algumas pessoas – você, Bial, entre elas – vivem a ideia do "seu tempo" como sendo o futuro, e não como sendo um passado nostálgico. A ideia de 20, 40, 60 anos – não quero perder isso – é marcante. Quando Dante diz: "Estou no meio do caminho", aquilo é um delírio!

Bial – Mas, de qualquer maneira, ele está sendo extremamente otimista.

A idealização do passado

Cortella – Acho que há no Tropicalismo e nos anos 60 uma percepção diversa daquela que surge 20 anos depois, com Renato Russo, com Cazuza etc. Quando ouvimos "Alegria, alegria", quando vemos a musicalidade de "Domingo no parque", não percebemos ali a dor de uma geração. De onde vem a dor dessa geração que se tornava adulta nos anos 80? Na música, na literatura, na estética, nos festivais de música... É dor de quê? Você estudou isso, fez um filme[*] que trata dessa questão. De onde vem essa dor daquilo que não foi, de uma geração que ainda não tinha ido? Onde dói? É como se eu, Cortella, que nasci em 1954, portanto quase dez anos depois do fim da Segunda Guerra Mundial, ficasse vivenciando um sofrimento sobre a guerra que eu não tive.

Bial – Responder por uma geração é difícil. Cada pessoa tem a sua incompletude. Mas acho que a dor vem da falta, para dar uma resposta generalizante. Renato era um homem muito atormentado. Cazuza, que eu conheci mais de perto, tinha uma voracidade pela vida e uma alegria que tornavam difícil tachá-lo de atormentado. Mas ele era muito sensível. Sofria muito a vida, até por vivê-la intensamente. Era um homem que sofria

---

[*] *Jorge Mautner: O filho do Holocausto*. Direção: Pedro Bial e Heitor D'Alincourt. (N.E.)

pela compaixão, pelo sofrimento dos outros e que queria viver às últimas consequências. Sempre disse que preferia viver dez anos a mil do que mil anos a dez. Quando começou a sofrer as consequências dessa escolha, quando percebeu que ia morrer, que não era apenas retórica, ficou muito revoltado. Mas isso foi já no fim da vida dele. Acho que Cazuza sofria o Brasil.

Cortella – "Brasil, mostra a tua cara"[*] – isso é a negação de Stefan Zweig. Como alguém em 1985, para tomar como exemplo a data quando se rompe o período autoritário militar-empresarial no Brasil, tem uma desilusão? A geração nascida nos anos 50 e 60 estava iludida? E, portanto, a geração que vem na sequência é menos iludida? Porque é uma desilusão dizer: "O futuro não é mais como era antigamente", ou "Brasil, mostra a tua cara", ou "Devia ter amado mais, ter chorado mais". Isso não é para pessoas que têm um prognóstico de vida mais extenso. Poderia, sim, ser para alguém como eu, que cresceu com a ideia de que a velhice iria terminar aos 60 anos de idade, sentado dentro de casa, no meu aposento, aposentado ou, como se diz em espanhol, *jubilado*.

Bial – Eu nunca tinha pensado na etimologia de "aposentadoria" como "no meu aposento"! E que bonita também a ideia de júbilo, em espanhol.

---

[*] Verso de "Brasil", música composta por Cazuza em parceria com George Israel e Nilo Romero. (N.E.)

Cortella – No Santo Inácio, onde você estudou, Bial, também se falava em jubilação, mas para dizer de alguém que era mandado embora da escola. Nesse aspecto, é uma palavra que se aproxima mais do inglês *retired* do que da ideia de alegria. Já em espanhol, tem o sentido de momento de comemoração, de júbilo, quando encerramos a trajetória e, portanto, estamos próximos de colher aquilo que são os seus frutos. Ora, não é essa a perspectiva para o idoso hoje e menos ainda para alguém que olha desde agora. Uma parcela das pessoas que são jovens de nascimento acredita, de fato, que a vida é agora porque não haverá esse júbilo. Essa descrença dos anos 80 ressurge nos anos 2000.

Bial – Será que não tem uma base romântica nessa dor que tanto o aflige, Cortella?

Cortella – Pode ser. O mal do século...

Bial – Acho que existe um pouco de romantismo aí ainda, até mesmo juvenil, que vem junto com a idealização da geração que veio antes, da geração que apanhou na ditadura, que sofreu...

Cortella – Que, aliás, nós idealizamos até hoje. Nós nos autoidealizamos. Foi uma geração combativa.

Bial – E mesmo essa geração que está muito atuante hoje, que está encantada pela ideia de militância, que a considera obrigatória, idealiza muito a geração da década de 60.

Cortella – Penso também que há um sequestro sexual, o sequestro do livre exercício da sexualidade nessa geração que hoje, digamos, é posterior a nós. Pois a minha geração, com o surgimento da pílula anticoncepcional em 1960, cresceu com a ideia de que a sexualidade seria livre, exercida dentro da liberdade. O nosso modo de relação, portanto, com o mundo da sexualidade era de uma prática muito mais liberta. Eu cresci com essa percepção de que o sexo não só era bom, como era autorizado pela vida, algo a ser fruído sem risco da gravidez, ou seja, sem a sua grande marca negativa para quem não o desejasse. Havia uma oração que fazíamos de brincadeira na época, que era assim: "Ó, Nossa Senhora, concebida sem pecado, ajudai-nos a pecar sem conceber". A minha geração cresceu com uma ideia de sexualidade livre e com riscos muito reduzidos, portanto. Em 1982, a geração que crescia e que poderia, então, desfrutar do uso mais livre do sexo mergulha em um terror desesperador com o surgimento, entre nós, da Aids. Esse terror, aliás, leva embora Cazuza, Renato Russo e tantos outros e outras na sequência. Logo, aquela possibilidade de fruir mais a ideia de vida, de natureza, de curtir a existência etc. não se realizou na geração que veio na sequência. E vejo que isso levou, de um lado, a certa frustração e, de outro, a certa raiva. Você, Bial, tem mais habilidade do que eu para isso, mas parte da estética dos anos 80, no meu

> **Parte da estética dos anos 80, no meu entender, não é só nostálgica ou melancólica; ela é raivosa.**

entender, não é só nostálgica ou melancólica; ela é raivosa. O *rock* dos anos 80 oscila entre Blitz...

Bial – Que é carioca, solar, a vida...

Cortella – Entre o uso do trombone etc. e algo que é um pouco mais fundo...

Bial – Que é o *punk*, raivoso.

Cortella – Eu vou dizer algo que nunca tinha pensado e que você me provocou a pensar. Nunca entendi "Alegria, alegria" como um movimento romântico, mas agora estou começando a acreditar que seja. E a última grande expressão do Romantismo na música sinfônica é a "Ode à alegria", poema de **Schiller** com que **Beethoven** finaliza a *Nona sinfonia*, sua última obra.

Bial – Que se torna o hino da Europa.

Cortella – Exatamente. É a percepção de que é preciso ter a vida como alegria que exubera naquele momento, naquele século. Que é um mundo de encantamento pela razão, pela racionalidade, pela ação humana, pela inventividade.

Bial – Isso me faz lembrar de uma questão. Em 2017, a peça *Trate-me Leão*, do Asdrúbal Trouxe o Trombone,[*]

---

[*] Grupo teatral brasileiro da década de 1970, marcado pela criação coletiva, pelo improviso e pela irreverência. *Trate-me Leão* foi a terceira e mais famosa

completou 40 anos. Fiz um programa* com a **Regina Casé**, o **Luiz Fernando Guimarães**, o **Evandro Mesquita**, a **Patrícya Travassos**, que eram do elenco, e o diretor, **Hamilton Vaz Pereira**. Relendo o texto e revendo algumas cenas, me dei conta de que a peça era extremamente violenta! As relações entre os personagens, entre os homens, entre as mulheres e entre os homens e as mulheres eram violentíssimas. Se reencenadas hoje, seriam desconfortáveis, quase impensáveis. As relações eram muito brutas. Mas como aquilo era o *default* de época, tínhamos a lembrança de uma peça leve, engraçada. Hoje, vejo como a violência nas relações humanas era banalizada. Era absolutamente invisível. E isso me levou à reflexão de como, em pouco tempo – pois 40 anos é pouco tempo –, foi possível reconhecer as pequenas violências do dia a dia, que tínhamos como normais, aceitáveis. E que hoje não são mais. Eu nem diria que essa é uma consequência direta ou uma conquista do politicamente correto. Aliás, tenho implicância, uma preguiça enorme com o politicamente correto. Mas, sem dúvida, há que se reconhecer que, sim, esse é um aspecto positivo dele.

Cortella – Eu gosto de usar, Bial, a ideia de politicamente correto como, talvez, a percepção daquilo que é socialmente

---

peça do grupo, abordando o cotidiano da juventude do Rio de Janeiro daquela época. (N.E.)

* *Conversa com Bial*, 26/10/2017. (N.E.)

respeitável. Isto é, conviver de maneira que a outra pessoa não seja ferida. Mas isso, claro, tem um movimento plástico e elástico para que não se torne uma impossibilidade de convivência.

Bial – Isso tem que ser um acordo social.

"Jovens, envelheçam!"

Cortella – A geração que crescia nos anos 80 nasceu nos anos 70. Em grande medida, ela é agora pai e mãe. Ela já "gerou" uma nova geração.

Bial – A minha geração está chegando aos 60. Cazuza, que foi meu amigo de infância, teria feito 60 anos em 2018, no dia 4 de abril.

Cortella – O mais intrigante é que temos agora, quase em 2020, portanto, no futuro ao qual Renato Russo e Cazuza não chegaram, aquilo que é a busca pelo retorno de alguns movimentos que fizeram parte da nossa geração, Bial, quando jovens. Por exemplo, a barba, que era moda nos anos 60, voltou a ser usada. Eu uso barba há 40 anos. As pessoas me dizem: "Você está tão contemporâneo". Respondo: "Sou contemporâneo há 40 anos". Eu fiquei parado onde estava e as outras pessoas é que passaram a usar barba. Eu não saí do lugar. Também hoje é moderno, é ultracontemporâneo fazer cerveja em casa. A humanidade passou séculos tentando ter um pouco de conforto na produção de cerveja e, agora, somos "velhos" porque não queremos fazer isso em casa. Nós temos que comprar a nossa cerveja no bar da praça. Há nisso um movimento da burguesia que é muito nítido na classe média.

Como ela não tem história, precisa comprar uma. Ela vai até Embu das Artes, em São Paulo, ou até Paraty, no Rio de Janeiro, para comprar coisa que pareça antiga. Esse movimento é inverso ao que faz o dito *povão*. O povão quer coisa nova, quer o brilho. Por isso, ele põe fórmica em casa. A fórmica é o sinal do agora. O sujeito jamais vai entrar numa loja para comprar algo que simule que é antigo, porque isso é perda de tempo; o antigo ele já tem. Já a burguesia vai a lugares – em São Paulo, vai à praça Benedito Calixto, ao Bixiga – atrás de lustres do século XVIII, que não são todos efetivamente dessa época; muitos deles são simulados, são pintados como se fossem arcaicos. Nesse sentido, o movimento retrô reflete um desespero por uma história que o burguês não tem. O burguês não faz parte da nobreza, portanto, ele não tem essa trajetória. Se pensarmos num programa de entrevistas, o *talk-show*, ele é de uma antiguidade brutal. Mas temos no YouTube sujeitos que são bem mais jovens do que você e eu, Bial, fazendo isso como se fosse algo novo.

O movimento retrô reflete um desespero por uma história que o burguês não tem.

Bial – Mas é igualzinho.

Cortella – Sim, e isso é que é contemporâneo. A contemporaneidade é fazer cerveja em casa. É fazer *pizza* no forno a lenha.

Bial – São signos da modernidade. E esses arquétipos da modernidade são idealizações do passado.

Cortella – De certa forma, eles remetem a **Rousseau** e à ideia de artesão.

Bial – A dieta paleolítica,* por exemplo, é uma idealização rousseauniana. É a idealização dos caçadores e coletores, da vida indígena, como se tudo fosse idílico. E também cabe aí, acho, nesse supermercado, nas prateleiras da modernidade, o dandismo. Se quiser, você pode viver como um dândi, ou como uma melindrosa da década de 20, ou como os *hippies*, os *beatniks*, os *punks*...

Cortella – Essa é uma novidade, não?

Bial – Todas essas tribos, todos esses movimentos do século XX que passaram, estão hoje presentes, ao mesmo tempo, como possibilidades de comportamento em tribos nas civilizações urbanas.

Cortella – Assim como temos hoje mídias convergentes e não concorrentes, há também as convivências conviventes. Exceto uma delas, que acho curiosa e que também retoma isso de que você falava, que é a ideia do orgânico. Entendo aqui orgânico como a alimentação orgânica, a produção orgânica...

---

* Dieta baseada no consumo de alimentos provenientes de caça e pesca. (N.E.)

Brinco que essa ideia é um *rousseaunismo* ressuscitado. Ela é quase um bloco político, dividido entre os que são a favor do orgânico e os que são avessos a ele.

Bial – Existem os avessos ao orgânico?

Cortella – Sim, são aqueles que entendem que, se adotarmos todos a alimentação orgânica, a humanidade vai perecer. É um modismo isso. Vejo que a ideia do orgânico, isto é, da alimentação orgânica, do tecido orgânico, da casa orgânica, não está conectada à noção de ecologia.

Bial – Mas não tem origem aí?

Cortella – Pode ter origem no ponto de partida. Mas não acho que esteja ligada à ideia de ecologia. Porque a ecologia é uma preocupação com o futuro, como em *Dersu Uzala*.[*] Quando se vai embora da cabana, não se deve sair sem deixar lenha para o próximo que pode pegar uma tempestade de neve. Ao contrário, acho que a ideia de orgânico, hoje, está mais ligada à fruição do presente do que a uma preocupação histórica. Sem desprezar a convicção daquele que lida com o mundo orgânico, no meu entendimento, a ecologia como ação política ou militância – não partidária, mas política – é a perspectiva de se proteger o futuro,

---

[*] Filme de 1975, com direção de Akira Kurosawa, que trata da amizade e das diferenças culturais entre um capitão do exército russo e um caçador que lhe serve de guia. (N.E.)

de não o saquear desde agora. E o orgânico é a fruição agora para que se continue vivo agora.

Bial – A ecologia é um pensamento de longo prazo altamente sofisticado. É, pela primeira vez na história da humanidade, uma geração considerar as próximas.

Cortella – De forma consciente, sim. Mas todas as gerações anteriores pensaram em formar a próxima. Seus pais, Bial, se cuidaram como refugiados para criar a próxima geração.

Bial – Como refugiados, cuidaram para salvar a própria pele!

Cortella – Claro, era uma situação extrema.

Bial – Biologicamente, existia a imposição de passar os genes adiante, ainda que de um modo meio desesperado. Mas, não sei se eles pensaram em preservar a espécie ou a linhagem...

Cortella – Mas eles não pouparam? Não proveram?

Bial – Digamos que sim, mas não sei se de forma premeditada e consciente. Aliás, algo que a década de 60 trouxe foi a consciência ambiental e a consciência de prover para a geração dos filhos e dos filhos dos filhos dela. Acho que isso foi uma baita novidade dessa época.

Cortella – Ainda incipiente, mas progressiva; contudo, não pode haver somente o foco na ideia de bem-estar do indivíduo.

Bial – Você acha que o orgânico é hedonista, é se preocupar com o próprio bem-estar.

Cortella – Não, não é hedonista; é imediatista. Porque hedonismo é o prazer como horizonte contínuo. Como disse certa vez **Contardo Calligaris**, ainda que se referisse a 20 anos atrás, muitos da atual geração se comportam como se fossem adultos em férias. Vão ao cinema, ao restaurante, à balada, viajam; só não trabalham. Portanto, esse hedonismo como horizonte, para mim, não se confunde com essa concepção da vida do alimento orgânico. Acredito que sejam duas coisas diferentes. Mas não acho que o orgânico seja ainda ecológico, não acredito que seja uma questão de proteção ambiental, de cuidar da geração que virá, e sim uma perspectiva de autoproteção.

Bial – É aquela mentalidade californiana caricata, levada às últimas consequências: "Eu vou comer o orgânico e seguir todos os cânones da vida saudável, para viver para sempre. Eu não vou morrer". Esse "californiano" acha que não vai morrer. Aliás, os californianos ricos, os bilionários do Vale do Silício, estão investindo dinheiro nisso, na ideia de viver para sempre. Eles acreditam que vão viver para sempre. Ou que, pelo menos, vão viver 200, 300 ou mil anos...

Cortella – A deusa da imortalidade, da juventude eterna dos gregos era Hebe. Tanto que a hebiatria é exatamente uma área da medicina que fica entre a pediatria e a gerontologia. E é interessante como temos hoje, além da hebiatria, certa *hebilatria*, isto é, certa adoração por aquilo que simula a percepção de uma eternidade contínua.

Bial – Inclusive, levando isso a sério como ciência.

Cortella – Mas quem tem grana, como os californianos que você citou, não quer a juventude eterna; quer a imortalidade. É diferente da ideia de Dorian Gray,[*] que se refere mais a preservar a estética.

Bial – Mas o comportamento dos californianos não tem algumas características de eternos adolescentes? Vamos dar nome aos bois: **Jeff Bezos** e **Elon Musk**, por exemplo. Esses caras se comportam como eternos adolescentes. Elon Musk ganhou US$ 2 milhões em uma noite porque lançou um isqueiro gigante. É um lança-chamas.

Cortella – Vendeu à beça!

Bial – Sim, e aquilo não serve para nada. Elon Musk se comporta como um artista contemporâneo. Ele lançou o maior foguete desde Saturno V, de 1969, para colocar na órbita de Marte o primeiro carro elétrico que produziu. O carro dele

---

[*] Protagonista do romance *O retrato de Dorian Gray*, de Oscar Wilde, que conta a história de um jovem e atraente aristocrata inglês, cujo retrato envelhece em seu lugar. (N.E.)

vai ficar em órbita eterna tocando "Space oddity", de **David Bowie**. Qual é o sentido disso? Talvez seja apenas a expressão de um adolescente dono do mundo.

Cortella – David Bowie que você citou, aliás, morreu jovem. Alguém pode dizer: "Não, ele tinha quase 70 anos". Mas ele tinha da adolescência aquilo que há de bom nela: a rebeldia, o enfrentamento, a capacidade de...

Bial – ... nunca parar de crescer.

Cortella – Isso! Ele era uma fonte de energia vulcânica. Por outro lado, David Bowie tinha a maturidade de alguém de quase 70, portanto, que tinha passado pela música dos anos 60, 70, 80...

Bial – Mas esses magnatas da internet, dos quais estamos falando, eles não me parecem ter essa maturidade.

Cortella – De maneira nenhuma.

Bial – Eles se comportam como aqueles adolescentes americanos que andam com um taco de beisebol para bater em caixas de correio.

Cortella – É por isso que não quero da adolescência a hebiatria, não quero a juventude eterna. Eu quero aquilo que era Hebe para os gregos e que, para os romanos, era Juventa.

Bial – Você quer a longevidade.

Cortella – Eu, Cortella, acho a imortalidade um horror. Não sei se você se lembra de um antigo filme de **John Boorman**, *Zardoz*, cujo nome é uma brincadeira com *O mágico de Oz*. É um filme com **Sean Connery**, em que ele vive numa comunidade onde as pessoas são imortais. Você imagine que, nesse filme, que é de meados dos anos 70[*] – Sean Connery tinha cabelo ainda –, as pessoas conseguem que a imortalidade seja possível. E algumas delas entram em desespero porque não podem morrer, e a vida se torna tal qual **Carlos Imperial** compôs: "A mesma praça, o mesmo banco, as mesmas flores, o mesmo jardim".[**] Elas, então, descobrem que há um grupo de selvagens – e estou usando essa palavra de propósito, porque eles vivem soltos, nus na selva. Liderados pelo personagem de Sean Connery, eles seriam capazes de extinguir a imortalidade daquelas pessoas, já que elas, por si mesmas, não o conseguiriam fazer. Para dar um *spoiler* de altíssima qualidade, a cena mais bela do filme é quando os selvagens ocupam os eternos, que é aquela elite pacífica, que fala de modo suave...

Bial – Aquela chatice eterna.

Cortella – Aquele tédio histórico e infinito. E os imortais são, então, assassinados e morrem com alegria. Tanto que, enquanto eles morrem, a trilha sonora é o segundo movimento

---

[*] O filme foi lançado em 1974. (N.E.)
[**] Versos da música "A praça". (N.E.)

da *Sétima sinfonia*, de Beethoven. É algo maravilhoso, lembra um pouco **Kurosawa** em *Ran*,* quando ele tira o som da batalha, coloca em câmera lenta e, de repente, sem som, a fúria desaparece. Conto isso porque essa é a ideia de imortalidade que eu não quero. Mas eu desejo, na idade que tenho, o espírito de alguns elementos da adolescência. Volto a este ponto: qual é a marca central da ideia de adolescência? A rebeldia. Mas não uma rebeldia que é mera insolência.

Bial – Porque a rebeldia pressupõe sempre o reconhecimento de uma autoridade superior contra a qual nos rebelamos. Depois que crescemos, que superamos essa fase adolescente, aí não nos rebelamos mais; nós subvertemos aquilo.

Cortella – Qual é a distinção que você faz entre rebeldia e subversão?

Bial – A subversão é desautorizar, não reconhecer mais a autoridade. Portanto, não há mais necessidade de se rebelar contra ela. Nós passamos a ser a nossa própria autoridade, ou a delegamos a outro lugar. Isso é subversão, é rebeldia adulta. A ideia de adolescência é uma invenção americana do século XX. Daí, advém a juventude como virtude em si, essa

Ora, por que a juventude é uma qualidade em si? Não seria ofensivo dizer para um velho que ele tem a "cabeça jovem"?

---

* Filme de 1985. (N.E.)

que tanto incomodou e motivou frases maravilhosas de **Nelson Rodrigues**, como quando ele diz: "Jovens, envelheçam!". Ora, por que a juventude é uma qualidade em si? Não seria ofensivo dizer para um velho que ele tem a "cabeça jovem"? Pois eu sou um velho com a cabeça velha! E muito bem, em bom estado de funcionamento.

Cortella – Esse é um ótimo ponto. A qualidade que eu desejo não é a juventude em mim; é a vitalidade.

Bial – Isso, a intensidade.

Cortella – Por exemplo, os milionários californianos que você mencionou e outros desejam a imortalidade, a vitalidade. Mas, insisto, eles não desejam a juventude. Eles não querem em momento nenhum ser insolentes, embora até queiram ter o direito de fazê-lo. Por isso, gostei muito dessa distinção que você fez entre rebeldia, em que encontramos um contraponto com o qual temos que brigar, e subversão, que é a circunstância em que somos os protagonistas, e não os oponentes. Gosto também de uma frase dos orientais, que diz: "Eu não luto a sua luta. Eu danço".

Bial – Bonito isso!

Cortella – Sim, é maravilhoso. Os orientais trabalham muito bem essa ideia, mas quando você, Bial, introduz essa percepção, acho magnífico. De fato, a rebeldia é o lutar a sua luta; já a subversão é dançá-la. Mas não dançar a sua luta por você, e sim por mim. Eu faço uma distinção, Bial, entre uma pessoa que é revoltada e uma que é revolucionária. Uma das características da adolescência, em algumas circunstâncias, é a revolta, isto é, o "esperneamento", aquilo que nós, que somos pais, conhecemos bem e chamamos de birra. Não no sentido italiano, que é apreciável.* Mas no sentido de um escândalo porque "essa espinha vai liquidar a minha vida", "o meu nariz é o pior que a humanidade já produziu", "nunca consigo ajeitar o meu cabelo". Existe uma birra contínua, um estado de rebeldia que é, de fato, uma característica da adolescência e que, várias vezes eu, que sou mais idoso, também identifico em mim. Há momentos em que fazemos algo que, em português, chamamos de piti. Às vezes, a minha mulher me diz assim: "Você está tendo um piti de velho" – um piti de velho, não de idoso. Há diferença entre velho e idoso. Por exemplo, o Museu do Louvre é cheio de coisas idosas. Não há nada velho lá. O que é velho está no lixo ou na reciclagem.

Bial – O idoso estaria para o velho como o antigo está para o velho?

Cortella – Sim, exatamente. A filosofia lida com coisa antiga, não velha. Ora, às vezes tenho piti de velho. E um piti de velho se aproxima do piti do adolescente. Já disse em

---

* Birra em italiano significa cerveja. (N.E.)

um livro chamado *Nos labirintos da moral*,* que é um diálogo maravilhoso com **Yves de la Taille**, que o adolescente está grávido de si mesmo.

Bial – Linda essa imagem!

Cortella – O adolescente vai dar à luz a um novo ele. Mas assim como gravidez, adolescência não é doença, embora isso não signifique que não haja um distúrbio hormonal, desequilíbrio do afeto...

Bial – E o velho está grávido de quê? De sua própria morte?

Cortella – Ele está grávido de sua própria história futura.

Bial – Da posteridade. Do fim, do nada...

Cortella – Isto é, da aproximação... Eu tenho um desespero quando você pensa em viver muito que é inspirado um pouco no exemplo do nosso grande **Oscar Niemeyer**. Ele morreu próximo de completar 105 anos. Alguns meses antes de falecer, ele sepultou a última filha dele com 82 anos. Imagine, aos 104 anos, sepultar uma filha de 80 e poucos? Um dos horrores do muito viver é que essa vida estendida teria que ser coletiva.

Bial – Uma vez, entrevistei Niemeyer. Foi num programa que eu estava fazendo sobre isso, sobre a procura da vida eterna.

---

* Campinas: Papirus, 2005. (N.E.)

Perguntei: "Se existisse uma pílula da vida eterna, o senhor tomaria"? Ele respondeu: "Só se tivesse para todos".

Cortella – Que coisa maravilhosa!

Bial – Na hora, pensei: "Típica resposta de comunista". Mas ele tinha razão. Já imaginou que prisão seria continuar vivo enquanto todo mundo morre?

Juventude e participação política

Cortella – Hoje, em vez de "rebeldes"; falamos em "terroristas". E uma parte do que é terrorismo encanta uma parcela da juventude, seja dentro do tráfico, que é quase uma compulsão de vida para sobreviver numa comunidade, pois o jovem ou se alia àquilo ou não tem território; seja em relação ao que é a militância no campo da política. Por que o terrorismo é tão atraente? Porque ele é rebelde. Ele preserva aquilo que em nós foi – e ainda é, em várias situações – uma energia vital, ou, para citar **Freud**, a ideia de pulsão. A militância se coloca para você, Bial, em que direção?

Bial – Acho que a militância é um talento, um sintoma individual, pessoal. Tem gente que tem esse talento e gente que não. Mas acredito também que hoje vivemos um modismo, como se a militância fosse obrigatória. Eu sou um admirador da ideia de democracia representativa. Adoro votar em alguém para não ter que pensar nisso, tenho mais com que ocupar minha cabeça do que com a política institucional, parlamentar – para isso, me basta acompanhar o noticiário.

Cortella – Um representante de si mesmo. Você não é, portanto, adepto de Rousseau, que queria democracia direta: um nome, um voto. Lembrando que Rousseau nasceu em

Genebra, portanto, como um bom suíço, faria o que eles fazem até hoje, que não é democracia representativa.

Bial – Eu não tenho a menor paciência para militância, acho chato *pra* caramba! Para mim, virou moda.

Cortella – Mas por que você acha isso?

Bial – Estou vendo a garotada idealizar a militância política quando o exercício da política institucional é mais território de profissionais, seja de políticos, gestores de políticas públicas ou lobistas. Não vou julgar nem recriminar quem se engaja em causas que considera nobres, mas vejo, por exemplo, mais resultados transformadores sobre a realidade na atuação de jovens empreendedores, que geram riqueza e desafiam o Estado de maneira efetiva e radical – e também política! Prefiro atuar nas inúmeras chances e instâncias que me oferece a realidade cotidiana, os desafios que nos apresenta a micropolítica de nossas relações humanas e sociais mais próximas, isto é, realizar o que está a meu alcance e que faz diferença. Isso vai desde respeitar regras de civilidade até ser generoso nas gorjetas, pagar bem funcionários, tratar com respeito a quem nos serve. Tudo bem, é evidente que vivemos uma crise de representatividade no mundo todo, não é só no Brasil. Mas não acredito em democracia direta, plebiscitária. Acho que ela pode ser desastrosa – a ditadura dos chatos.

Cortella – Você acha que isso é uma ilusão nossa de juventude? Por exemplo, eu, dos anos 80 e até 2016, fiz militância partidária e, hoje, dificilmente o faria.

Bial – Você foi do Partidão?*

Cortella – Não, não fui. A minha geração, com exceção de uma parcela dela, não tinha o Partidão como referência mais. Eu peguei o início do PT, em 1980. Nessa época, eu já era professor da PUC-SP, e o PT nasceu como uma agregação de parte da intelectualidade brasileira.

Bial – Mas ali foi muito bonito.

Cortella – Sim, belíssimo! A junção em 1980, como presença e como ação, de um grupo operário, de uma parcela que havia vindo da Igreja católica, como eu, era a expressão de uma utopia, um "ainda não" entendido como possibilidade.

Bial – Ali, até eu andava com estrelinha do PT na camisa: "Não apague a minha estrela, acenda a sua". Mas minha desconfiança com a esquerda vem de longe. Nunca me conformei intelectualmente com as premissas marxistas e afins, e esse estranhamento foi crescendo e tornando-se justificado e

---

* Partido Comunista Brasileiro. (N.E.)

possível – moralmente aceitável para mim, jovem criado sob a ditadura, com parentes dela vítimas –, com a democratização e a consequente clarificação das posições. Mas, principalmente, foi com a minha experiência como repórter, conhecendo de perto o socialismo real, estudando a fundo sua história e narrando seu colapso e sua morte, que desencanei de vez de qualquer coisa que cheire a socialismo.

Cortella – Essa militância não se dá exclusivamente desse modo. Muitos afirmam que esse tipo de expectativa em relação a um mundo mais igualitário, mais convivente é uma ilusão de juventude. Isto é, todo jovem seria comunista ou socialista. Eu não acho que isso seja correto; ao contrário. Conheci algumas pessoas na militância, seja por meio da política partidária, seja por meio da literatura, como **Apolônio de Carvalho**, que lutou a Segunda Guerra Mundial, **Antonio Candido**, **Florestan Fernandes**, que nunca perderam esse ideal de juventude. Eu não gosto de descartar a noção de ideal de juventude. Mas, veja, não estou falando de ideal infantil.

Bial – Mas aí, mais uma vez, eu duvido desse aposto "juventude" como um atributo de qualidade ou ideal. Eu dou mais valor a essa compaixão, a esse ideal compassivo em um velho do que em um jovem. É mais fácil para um jovem indignar-se diante da injustiça, da desigualdade social, porque ele não tem, como os mais velhos, a vivência, o conhecimento, o repertório para reconhecer os mecanismos que produziram essa injustiça, essa desigualdade e para indignar-se de fato. Eu admiro os velhos – vamos nos chamar assim – que mantêm essa indignação aos 60, aos 70 anos.

Cortella – Mas também é possível ver isso em alguém de 16, 17 anos.

Bial – Sim, mas vejo mais valor em alguém que age de maneira adulta, consequente e não como se tudo que veio antes não tivesse existido. Voltamos ao nosso assunto central: a negação do passado pelo jovem. É como se não tivesse vindo ninguém antes dele, como se ele fosse o primeiro a se indignar. Mas todos aqueles que vieram antes também tentaram alguma coisa. Nesse sentido, como você pode ver, sou um conservador de galochas. Acredito que devemos conservar o que funcionou, construir em cima do que já foi construído, e não destruir.

Cortella – Conservemos a nossa subversão, por exemplo. Nisso, eu sou conservador. Você falou algo que acho magnífico: há um movimento de militância que insufla, no bom sentido, enche de ar, de vitalidade o jovem, que, no meu entender, é movido pela aspiração. Isto é, ele aspira a alguma coisa. Penso que há, em uma pessoa com mais idade, uma convicção.

Bial – A convicção tem muito mais consistência, ela se baseia em algo.

Cortella – Mas ela não anula a aspiração do jovem; ela é apenas um outro modo de ter o mesmo horizonte.

Bial – Acho que a convicção tem mais consequência, mas me arrepio diante de convicções extremadas. Mais uma vez, percebo, no Brasil, muita energia gasta em militância, vamos dizer, política. Acho que há transformações muito mais visíveis quando um jovem pega toda essa energia e vai empreender, fazer uma empresa. Por exemplo, aquele menino da Reserva,* **Rony Meisler**. É um sujeito que pegou toda essa inquietação e empreendeu, abriu uma loja. Isso, às vezes, tem um impacto social e político muito maior do que fazer militância política estudantil convencional, esse pavimento do inferno das boas intenções. Peço desculpas, ou melhor, não peço desculpas se isso soa reacionário.

> Percebo, no Brasil, muita energia gasta em militância, vamos dizer, política. Acho que há transformações muito mais visíveis quando um jovem pega toda essa energia e vai empreender.

Cortella – Não necessariamente. O reacionário é aquele que nega qualquer mudança positiva, porque não a entende dessa forma e não aprecia mudanças. Porque é mudança, ele não quer que seja. Isso é reacionário, o que é diferente do conservador. Uma pessoa conservadora é aquela que deseja a manutenção das coisas dentro de um determinado estado.

---

* Marca de roupas carioca. (N.E.)

Bial – Ela deseja manter aquilo que funciona.

Cortella – Ora, nenhum de nós é só conservador ou só inovador. Mas nenhum de nós também deixa de ser inovador em vários momentos. Quem, sendo conservador, abandona situações de inovação é que é reacionário. O reacionário é aquele que faz o movimento de recuo. Por exemplo, existe um modo antigo de fazer política estudantil, que é aquele da capacidade de junção, do respeito à autonomia alheia, da capacidade de convivência e tolerância. E existe um modo velho, que é o do aparelhamento partidário, do mero oportunismo de intenções não declaradas. Conservador é quando, por exemplo, Gilberto Gil diz: "Não quero guitarra elétrica". Mas, veja como ele é um homem inteligente: em seguida, não é que ele se rende à guitarra elétrica; ele se convence.

Bial – Ele se convence, se converte.

Cortella – Eu e você somos avessos ao uso de algumas redes sociais. Você e eu não as usamos o tempo todo por conta da nossa convicção. Agora, estou me convencendo em relação a algumas delas, mas não estou me rendendo. Porque a situação de rendição supõe que eu tivesse uma postura reacionária em relação a um movimento de pessoas inteligentes ao qual eu me recusava a me juntar. Ao contrário, essa postura pode se mover a partir de uma convicção e não de uma recusa tola. Eu disse que hoje dificilmente faria militância partidária, não porque despreze partido. Não porque eu ache que isso tenha sido um arroubo de juventude, mas sim porque penso que, hoje, há outros modos de também fazer militância, seja em movimentos, organizações não governamentais, associações comunitárias e, claro, ainda em partidos para quem o desejar.

Bial – E você foi muito além da militância. Como influenciador, como professor, como formador de cabeças e educador, como queira chamar, você foi muito além do que teria ido, hipoteticamente, se tivesse ficado restrito a uma estrutura partidária.

A falácia do *carpe diem*

Bial – Eu queria voltar à questão da idealização do passado de que estávamos falando, ao que a juventude supõe que foram benesses de outra época. A verdade é que, já há algumas décadas, a gente vem falando – e ainda acho que isso seja verdade – que as pontes com o passado foram rompidas. Estava me lembrando de um caso planetário de amnésia, que aconteceu em 1992, quando **François Mitterrand**, então presidente da França, foi visitar Sarajevo em meio ao cerco mais longo da guerra moderna.[*] E ele escolheu, muito cirurgicamente, o dia 28 de junho para isso. A visita dele em plena guerra a Sarajevo foi manchete de todos os jornais do mundo. Mas ninguém ligou *lé* com *cré*, pois 28 de junho foi o dia em que o arquiduque **Franz Ferdinand** foi assassinado em Sarajevo, em 1914.

Cortella – Pelo **Gavrilo Princip**.

Bial – Sim, mas ninguém se lembrou disso. Mitterrand escolheu simbolicamente esse dia. Sinal mais evidente de que as pontes com o passado foram implodidas não tinha havido ainda. E eu estava conversando sobre jornalismo com um

---

[*] Durante a Guerra da Bósnia, forças sérvias cercaram a capital, Sarajevo, por quase quatro anos, de 1992 a 1995. Mais de dez mil pessoas morreram. (N.E.)

amigo, que está saindo com uma jovem repórter de 25, 26 anos, e ele me disse: "Você acredita que ela não sabia que você fez a cobertura do fim da União Soviética, em 1991?".

Cortella – É um fato muito distante para ela.

Bial – Exatamente. Por isso digo que o passado, Cortella, para essa juventude, é uma idealização.

Eu fiz, de 2002 a 2016 – ou seja, por quase 15 anos –, o *Big Brother Brasil*. Lá, eu me deparei com um tipo de jovem que não era contracultural; era totalmente *pró-cultural*. Queria inserção na mídia, queria inserção no mercado. A maioria dos participantes não tinha nenhum conhecimento histórico. Nenhum mesmo. E, pior, não queria ter. Mal sabia quem descobriu o Brasil. Não sabia nem queria saber.

Cortella – Eles recusavam o passado.

Bial – Eles achavam que aquilo era totalmente desnecessário, "já foi". Podemos conjecturar várias explicações para isso, mas, basicamente, o que eles queriam era espelho. "Dá-me um espelho e serei feliz." É uma juventude para quem o grande templo é a academia de ginástica, porque é o templo do nosso templo, que é o corpo. É uma juventude pós-fé, pós-ideia de vida eterna. Porque se você não tem passado, não tem também vida futura.

Se você não tem passado, não tem também vida futura.

Cortella – Magnífico!

Bial – Isto é o que a juventude tem: o culto ao corpo.

Cortella – Nós vivemos numa sociedade de consumolatria, em que precisamos renovar cotidianamente o nosso objeto de desejo. E ele não pode ser um objeto cujo desejo ali se esgote. Não podemos mais ser levados a ter como objeto de desejo uma Ferrari ou um Rolls-Royce, por exemplo. Se alguém tiver só esse objeto de desejo, ao conseguir a Ferrari, como é algo tão distante, só com ela ficará. E aí a indústria não anda. Ela só avança se, depois da Ferrari, quisermos o Rolls-Royce, o Jaguar etc. A indústria precisa ter a renovação do objeto de desejo no cotidiano, e a *consumolatria* leva a essa condição.

Bial – Mas isso é de um vazio extraordinário.

Cortella – Sim, claro.

Bial – Isso me leva a refletir: por que para mim é tão importante a leitura, o conhecimento da história? Por que eu valorizo isso, se não tem valor nenhum para essa garotada e eles se fazem tão felizes assim, aparentemente? Eu derivo um prazer da leitura, não vivo sem ela. É o que me preenche, é o que me faz feliz. Fora disso, é um vazio.

Cortella – Eu tenho uma hipótese. Há toda uma tecnologia hoje da instantaneidade, e ela retira de nós a capacidade de vivência histórica. Apesar de existir uma vantagem nessa instantaneidade como serviço – por exemplo, enquanto estamos aqui conversando, nós podemos ser instantaneamente colocados *on-line* para que outras pessoas acompanhem uma parte deste bate-papo –, como concepção de vida a considero danosa. Eu quero a instantaneidade como serviço, apenas. Quero pedido instantâneo para que a comida chegue até mim em 15 minutos. Quero um aplicativo que permita que eu, da minha casa ou de onde estiver, faça uma solicitação instantânea de comida entregue em casa – aquilo que, em português, chamamos de *delivery*. [*Risos*] Ora, eu quero isso. Mas não quero ter que comer instantaneamente; eu quero uma comida que possa ser fruída mais demoradamente. Há algo que a nossa geração de idade teve mais fortemente, que é um mundo com menor instantaneidade. Até converso sobre isso com **Marcelo Tas** no livro *Basta de cidadania obscena!*,[*] de que falamos quando fomos a seu programa,[**] Bial. Chamo esse fenômeno de *miojização* da vida: o namoro-miojo, o estudo-miojo, a pesquisa-miojo etc. Um programa de entrevista mais longo, como o seu, por exemplo, exige um nível de disponibilidade de quem assiste para ficar sentado durante um tempo vendo aquela conversa, ao contrário de uma sucessão de quadros que faz com que não se consiga adensar

---

[*] Campinas: Papirus, 2017. (N.E.)
[**] *Conversa com Bial*, 18/10/2017.

nada. Volto, então, à minha hipótese em relação ao que você falava: essa tecnologia da instantaneidade, que é absolutamente decisiva como instrumento de serviço, quando adotada como um modo de existir, é danosa. Quando você diz que parte dos jovens que encontrava no *Big Brother* era de pessoas que não tinham compromisso com o futuro e para quem o hoje se esgotava, isso significa viver um eterno presente. É o agora, o *carpe diem*. E é preciso lembrar que o *carpe diem* foi uma expressão usada quando da decadência de Roma. Embora **Horácio** tenha escrito isso durante a ascensão de Roma, o *carpe diem* como política de Estado e de classe social se dá na decadência do império. Outro dia, eu falava na CBN sobre o Carnaval e a ideia de aproveitar a vida a qualquer custo, e me lembrei de uma frase de Yehuda Ben Tibbon, escritor judeu nascido na Espanha em 1120: "Não comas o prato que te impedirá de comer os outros pratos". Ora, essa percepção leva a dois exemplos que eu queria trabalhar. No começo de 2018, assisti a um filme magnífico: *O destino de uma nação*,[*] sobre as primeiras semanas de **Churchill** como primeiro-ministro em 1940. O que me levaria a ver um filme que trata de 1940 se essa data já foi há bastante tempo? O que me levaria, por exemplo, a ler o que **Tucídides** escreve sobre a Guerra do Peloponeso se ela aconteceu há tanto tempo? O que levaria você e outras

---

[*] Filme de 2017, com direção de Joe Wright e com Gary Oldman no papel de Winston Churchill. (N.E.)

pessoas a fazer isso? Aprender, com a história e seu movimento, com o passado, enfim. Isto é, esses ecos do passado não são de defuntos; são de pessoas que têm algo a nos dizer.

Bial – São de pessoas vivíssimas.

Cortella – Assisti a esse filme no cinema e quem eu percebia à minha volta? Pessoas na faixa etária dos 50, 60, 70 anos de idade, que tinham aquela história como vivência.

Neste ano de 2018, temos a primeira geração nascida em 2000 que chega à universidade. Quando eu era menino, o ano 2000 era uma referência do impossível: "Ah, isso aí só no ano 2000". Pois bem, essa geração que fez vestibular e que está agora entrando na universidade nasceu no ano 2000. Esses jovens não têm a menor ligação com, por exemplo, o atentado às Torres Gêmeas em Nova York, que aconteceu em 2001.

Bial – Eles tinham um ano de idade na época.

Cortella – Sim. A ligação que eles têm com o atentado às Torres Gêmeas é a mesma que eu, que nasci em 1954, tenho com a bomba atômica em Hiroshima e Nagasaki, de 1945, ou com a Guerra da Coreia que terminou em 1953. A relação deles com o terrorismo de início no fundamentalismo é a mesma que eu tenho com o suicídio de Getúlio, que morreu no ano em que nasci. Ora, por que estou dizendo isso? Porque até mesmo nós, que temos mais idade, precisamos olhar para essa história cujas pontes foram dinamitadas. Nós temos que fazer o esforço como militância política, não necessariamente partidária, para interessar pessoas nesse passado, como elas se interessam pela cerveja artesanal e pelo disco de vinil, por exemplo.

Bial – Porque é imaginação.

Cortella – É idealização.

Bial – Não, não. Acho que o interesse é fruto da imaginação. O ser humano é provido de imaginação. Para mim, o que move alguém a ter interesse pelo passado é a mesma imaginação que move alguém a sonhar sobre o futuro. Quando alguém fala da máquina do tempo que vão inventar, que vai tornar possível viajar no tempo, ela já foi inventada. O livro é uma máquina do tempo. Basta abrir um livro para viajar.

Cortella – Sim, claro. Aliás, a primeira plataforma de ensino a distância é o livro, seja de papel, papiro, pergaminho. Agora, quando falamos em tempo de vivência, "o futuro não é mais como era antigamente" porque quem idealizava o futuro eram os jovens que hoje têm 60 anos. Ou, então, os jovens que hoje têm a mesma idade que nós, quando idealizávamos o futuro, são aqueles que idealizam o passado. O tempo que nós vivemos, que é o passado que esse jovem de hoje idealiza, para nós era

O objeto de desejo de quem tem 20 anos é retomar um tempo que nós, que estávamos com 20 anos naquele presente que ele deseja, não queríamos.

descartável, indevido, inadequado. O objeto de desejo de quem tem 20 anos é retomar um tempo que nós, que estávamos com 20 anos naquele presente que ele deseja, não queríamos. Esse é um tipo de viagem no tempo que parte de nós fez usando substâncias. Aliás, a frase é antiga: "Se você se lembra dos anos 70, é porque não estava lá". [*Risos*] Acredito que a ideia de uma memória histórica, para trazer **Zygmunt Bauman** à conversa a partir do seu livro de 2000, *A modernidade líquida*, é também essa memória um pouco "líquida". Hoje, fazemos coisas que duram 24 horas em vez de 20 séculos. Você acha que esse desejo de demolir a permanência tem alguma relação com falta de fé?

Bial – Eu nunca havia pensado por esse viés, não. Mas acho simpática essa humildade de não se levar tão a sério a ponto de acreditar na posteridade, e se conformar com o caráter descartável do que se faz. Lidar com a transitoriedade é algo muito difícil, terrível. Essa é uma questão dramática para todos nós. Freud, que se debruçou sobre ela várias vezes, escreveu um bonito ensaio chamado "Sobre a transitoriedade". Ele conta que estava passeando por um campo florido com um velho amigo e um jovem poeta, quando este começou a lamentar: "O campo é florido, mas vai vir o inverno, com a neve e o gelo". Ou seja, ele lamenta antecipadamente a chegada do inverno. Nesse sentido, acho admirável a aceitação da transitoriedade que o jovem hoje demonstra. É até mesmo saudável. Para mim, a busca da posteridade tem um bocado de ridículo.

Cortella – Não tenho formação nisso, mas acredito que parte dessa circunstância que você considera simpática, de não se levar tão a sério, tem um ônus, que talvez sejam alguns distúrbios mentais que vemos hoje.

Bial – Mas aí é diferente. É o que você falava do *carpe diem*. O eterno aqui e agora é o Alzheimer...

Cortella – Sim, é o *Feitiço do tempo*.* Mas digo que existe certo distúrbio, uma parcela daquilo que nem a medicina nem a ciência da fisiologia conseguiram ainda identificar direito, que é a origem da depressão de maneira esplendorosa em nossos tempos, porque acho que falta uma causa para as pessoas hoje. Se o mal do século XIX foi a tuberculose, o do século XX foi a depressão. E, embora não confunda depressão com tristeza, a medicina aceita trabalhar com o conceito original de depressão, de que falamos logo no começo da conversa: a melancolia. Eu encontro muitas pessoas inteligentes que dizem: "Eu queria, no trabalho, fazer o que gosto". Sempre respondo, de modo mal-educado, que somente um imbecil gostaria de fazer o que não gosta. Ora, qualquer um de nós gostaria de fazer o que gosta. No entanto, é necessário colocar isso como perspectiva de construção de uma causa para o futuro. A ideia de causa é

---

* Filme americano de 1993 em que o personagem principal, interpretado por Bill Murray, fica preso no tempo, sendo obrigado a reviver o mesmo dia até repensar suas atitudes. (N.E.)

o que impede que a transitoriedade seja mais pesada do que já é. Para mim, a ausência dessa causa, portanto, a vivência do *carpe diem* como sendo uma eternidade, uma continuidade, um contínuo, um moto-perpétuo que renova a si mesmo, é produtora de melancolia. Por isso, a sua vitalidade, Bial, e a minha na faixa dos 60 anos, de querer continuar escrevendo e produzindo, me leva a perguntar: o que falta?

Bial – Puxa, tudo!

Cortella – Você começou no jornalismo com menos de 20 anos de idade, já foi correspondente em outros países, pode ser considerado uma das pessoas mais vistas pela nação em TV. O que falta para você? Por que você ainda não "sossegou o facho", para usar uma expressão muito antiga? Não se trata de uma questão necessariamente financeira; existe uma causa. E essa causa pode ser egoísta ou altruísta. Em certa medida, a minha causa é egoísta, pois eu quero continuar uma trajetória de modo que a minha vida não seja descartada. Eu não quero ser um eterno jovem, porque não o sou. Mas quero do jovem algumas coisas que ele não pode perder.

Bial – Eu quero do jovem interlocução, principalmente se forem os meus filhos.

Penso o seguinte – e provavelmente você, Cortella, vai se reconhecer nisto também: na minha juventude, no meu início de carreira, em boa parte da minha vida, enfim, tive objetivos, metas a alcançar. Sempre imaginei que, quando as alcançasse, encontraria algo parecido com realização. E que encontraria também algo parecido com felicidade. Mas, conforme alcanço algumas dessas metas, percebo que vivo momentos de felicidade e realização para imediatamente estar *zerado*. Tudo o que resta, então, é inventar uma nova meta.

Velozes e ansiosos

Bial – Vejo que o século XX é caracterizado pela depressão e o século XXI, pela ansiedade. A depressão desdobrou-se em ansiedade. Percebo que já estamos vivendo um quadro de depressão agravado por ansiedade em alto grau. Pensamos que as máquinas e a evolução da tecnologia iriam desocupar o nosso tempo, mas isso acabou fazendo com que o sobrecarregássemos. Vivemos com a sensação de que estamos perdendo o nosso tempo. Consultamos o celular o tempo todo por medo de perder alguma notícia. Eu, que já tenho um temperamento por natureza chegado à ansiedade, no ano passado, prestes a estrear o meu programa, acabei por escrever a "Oração do ansioso", que agora abre este livro. É uma brincadeira, um poema-chiste.

Cortella – Não concordo que seja uma brincadeira. Ao contrário, é a captura de um momento seu. O que você faz com um poema como esse é o que de maneira geral um poeta faz, que é domar o momento. O poema é a doma do momento. É quando se diz: "Agora eu o seguro". A sua maneira de escorrer a ansiedade é controlá-la.

Bial – Isso me faz pensar: o que temos alcançado com a ciência e com a tecnologia? Várias soluções para problemas que tínhamos ao longo da história da humanidade. Ao mesmo tempo em que fomos resolvendo esses problemas, isso foi desmoralizando todos os nossos sistemas religiosos e místicos. Todas as respostas que a fé dava foram desmoralizadas pelas soluções.

Cortella – Retomando a frase clássica de **Marx** e **Engels** em 1848, quando ambos tinham cerca de 30 anos de idade: "Tudo o que era sólido e estável se desmancha no ar, tudo o que era sagrado é profanado"*...

Bial – Sim, e tudo foi mesmo se desmanchando. O filho do cacique, por exemplo, não morre mais de sarampo, porque existe uma vacina contra essa doença. Os deuses, portanto, foram absolutamente desmoralizados, não resolvem mais nada. A mitologia virou folclore. Restou, então, um vazio daquilo que sempre explicou tudo. Os problemas materiais foram resolvidos, mas o vazio espiritual tornou-se enorme.

Cortella – Eu colocaria a percepção sobre o que é ansiedade de braço dado com o desespero. E não estou falando do desespero apenas como falta de perspectiva, mas também de inspiração. Isto é, não ter algo que nos infle. A ideia de inferno de Dante é exatamente a ideia de desespero, a possibilidade de não ter nada a esperar. Acredito que essa vivência do cotidiano

---

* Trecho d'*O manifesto comunista*. (N.E.)

como sendo eterna, o cotidiano como eternidade, ela, sim, gera um desespero porque não traz saciedade, ou seja, não há repouso.

Bial – Nosso querido **Yuval Harari**, em *Homo Deus*,* cita Mario Götze, autor do gol na final da Copa do Mundo de 2014 responsável pela vitória da Alemanha. Harari diz mais ou menos assim: "O que mais pode querer um ser humano, um jogador de futebol, além de fazer o gol da vitória a minutos do fim da Copa do Mundo?". A vida desse cara está resolvida, certo? Não, não! Götze viveu aquele momento e hoje está na pior, inclusive. Ele está péssimo, deprimido. Porque é no cotidiano que vamos nos resolvendo, e não no *carpe diem*. Lembro que *O decamerão*, primeiro filme daquele célebre tríptico de **Pasolini** que inclui *Os contos de Canterbury* e *As mil e uma noites*, se encerra com a seguinte reflexão: "De que vale terminar uma obra se é infinitamente melhor sonhá-la?". É preciso viver e deixar a juventude para trás para entender que é melhor sonhar uma obra e trabalhar nela do que a concluir – embora terminá-la também seja fundamental.

> **É no cotidiano que vamos nos resolvendo, e não no *carpe diem*.**

Cortella – Os antigos já diziam que o melhor da festa é esperar por ela.

---

* *Homo Deus: Uma breve história do amanhã.* São Paulo: Companhia das Letras, 2016. (N.E.)

Bial – Exatamente. Viagem é a mesma coisa. Planejar a viagem e lembrar dela é muito melhor do que viajar.

Cortella – É por isso que uma parte das pessoas hoje, para não deixar a viagem se tornar anódina ou desmaiada, faz postagens na internet de maneira contínua, ansiosa, desesperadora para tentar garantir essa eternidade.

Bial – Mas isso é um sintoma absurdo de ansiedade!

Cortella – Certamente. Não se frui o momento. E uma das coisas que mais geram ansiedade é perder o intervalo entre o desejo e o encontro.

Bial – Você usou uma palavra que eu adoro: fruir. Essa noção está perdida.

Cortella – Mas a culpa é norte-americana.

Bial – A culpa é sempre dos americanos! [*Risos*]

Cortella – Nem sempre, mas essa é. Eles inventaram algo que não cabe no campo da fruição e do prazer em relação ao consumo da bebida, que é o *shot*. O *shot* é a incapacidade da fruição. Degusta-se uma bebida virando o copo de uma vez.

Bial – Ah, mas os russos bebem vodca assim também.

Cortella – Sim, porque americanos e russos são separados por uma distância como a que existe entre Rio de Janeiro e Paraty. Ou entre São Paulo e Jundiaí. [*Risos*]

Bial – Já imaginou beber vinho assim? Seria um crime!

Cortella – Outro dia, estava conversando com um sobrinho meu, mais jovem, e ofereci a ele uma cachaça do Rio Grande do Sul que ganhei, estupenda, magnífica, quase licorosa. E ele bebeu um *shot* dessa cachaça. Obviamente, o afeto me impediu de chacoalhá-lo. Eu disse: "Como é que você pôde fazer isso?". Ele, sem entender, respondeu: "Isso o quê?". "Como você vira uma coisa dessas sem degustá-la, sem sentir o retrogosto, o gosto anterior? Pois a finalidade de uma cachaça, de uma vodca não é ficar tonto. Não é fazer um *esquenta* para uma balada. A finalidade da degustação é fruir sentidos e sentimentos." Meu sobrinho se arrependeu e pediu: "Então, me deixe degustar". "Amanhã. Porque só então você vai estar com o seu aparelho gustativo preparado novamente para isso". Conto essa história porque o *shot* e também o *fast-food*, com a ideia de algo que é projetado imediatamente, são invenções nas quais a fruição se dilui, se desfaz como imagem. E essa diluição da fruição é muito malévola.

Veja a noção de *gourmet*, tão em voga. Ela é uma fantasia sedutora que, para mim, tem tanto impacto quanto o da embalagem de um brinquedo que seduz uma criança. O *gourmet* parece quase uma contraposição à ideia de *food truck*, por exemplo. O *food truck* é prático, mas esse não é um modo de comer. Sem aqui ser anti-imperialista, mas também foram os norte-americanos que inventaram a moda de comer na rua na sociedade contemporânea. E um dos grandes sonhos de uma parte da burguesia, do *nouveau riche* brasileiro, por exemplo, é poder comer cachorro-quente em pé em Nova York e se lambuzar de *ketchup*, mostarda etc. Ora, por mais que seja prático, o *food truck* só é prático. Porque comer gostoso é comer sentado, é comer com tempo, conversando. Tanto que o próprio *food truck* se imobiliza em algum momento e vira restaurante. Por isso, o que eu mais aprecio naquilo que chamamos de mais idade ou de maturidade é justamente a capacidade de fruição. Uma vida conduzida pelo *fade-out*, em que o tempo todo nos encontramos na não possibilidade de contemplação, tem um pouco dessa marca da retirada da fruição. Portanto, eu não tenho esse ideal de uma parte dos jovens. Quero ter da juventude outras coisas, como a energia vital e a possibilidade de ser, em alguns momentos, intempestivo. Aliás, existe uma contradição divertidíssima em quem faz cerveja artesanal, para retomar esse exemplo. O sujeito não está atrás da cerveja artesanal; ele está atrás é da convivência.

Bial – Essa é uma maneira muito generosa de ver esse fenômeno. Seria um encontro mais humanizado, ritualístico...

Cortella – É outra forma de religião.

Bial – Estamos falando de tempo, de não ter a facilidade de ir ao supermercado e comprar a cerveja pronta, de ter todo um processo para chegar àquele momento, àquele encontro.

Cortella – E também a cerveja artesanal aparece como idílica. Ela é quase paradisíaca. Ela é quase, de novo, rousseauniana. É a ideia de voltar para coisas que não estão contaminadas. Porque o mundo industrial, que é aquele que permite, por exemplo, a calça, o tênis, o carro que o sujeito está usando, seria sujo. Já a cerveja e também a comida artesanal, a produção orgânica seriam puras. Esse ideal de pureza, que remonta ao século XVIII, para uma parte da sociedade europeia que não sabe como lidar com a indústria é muito marcante.

Bial – Mas será que já não há uma indústria para atender a isso? Veja as calças *jeans* que já vêm rasgadas, por exemplo. Deve existir uma máquina para rasgar as calças, porque elas vêm todas rasgadinhas iguais. Mesmo quem faz cerveja em casa usa ingredientes que são produzidos por alguma indústria.

Cortella – Sim, é a artificialização do artesanal.

Bial – Tudo é artifício.

Cortella – É o mesmo que comprar uma antiguidade recém-construída, recém-produzida. O descascamento idealizado, por exemplo, pelo rasgo na calça *jeans*, pelo tênis que já vem sujo, ele é, como já falamos, primeiramente a oferta de história de um tempo que não se tem.

Bial – Ele é artificial, já vem com a pátina...

Cortella – Sempre digo que o mundo não é midiático por causa da mídia, mas por causa de Midas.* O mundo não é midiático, não; ele é *midático*.

Bial – Isso nos leva ao seguinte ponto: a diferença entre novo e novidade. O novo é a novidade envelhecida. É o que se estabelece porque permanece, enquanto a novidade se esvanece. O novo tem uma pátina – a pátina do tempo. Já a novidade é a falsificação do novo.

Cortella – Sim, é o novo que envelhece com velocidade.

Bial – E fica obsoleto.

Cortella – Porque não é novo. O novo não envelhece; ele persiste.

Bial – É um velho falsificado.

---

* Personagem da mitologia grega que transforma em ouro tudo o que toca. (N.E.)

Jovens sem causa

Bial – Pensando nessas questões de inovação, renovação, novidade, novo, eu me lembrei de **Ariano Suassuna**, que dizia que o conceito de progresso não se aplica à arte. Para ele, não havia inovação em arte, só renovação. Se compararmos, por exemplo, uma pintura rupestre, uma pintura na caverna de Lascaux[*] ou onde for, com um **Kandinsky** ou um **Paul Klee**, qual foi o progresso?

Cortella – Fala-se isso em filosofia também, porque são as mesmas questões sendo reinventadas. Isto é, o mundo é présocrático do ponto de vista das angústias.

Bial – Vieram me perguntar: "Em que você vai inovar no formato *talk-show*?". Eu não vou inovar em nada! Vou, talvez, tentar fazer uma renovação. Onde, então, se aplica o conceito de progresso?

Cortella – Essa é uma ideia muito boa. Há um conceito em tecnologia hoje que é chamado de inovação incremental. A inovação incremental não é a criação do inédito, mas daquilo que tem persistência a partir do antigo. Como produção

---

[*] Localizada na França, é famosa pelas pinturas rupestres. (N.E.)

industrial no século XX, quem fez isso foi a China. Quer dizer, num primeiro momento, ela fez imitação. Mas, depois, fez inovação incremental. Isto é, ela produziu com mais qualidade e com um custo menor aquilo que antes era mero *xing-ling*, como falamos no Brasil de forma preconceituosa, embora muitas vezes reflita uma verdade.

Bial – Posso acrescentar uma coisa? Num primeiro momento, a etiqueta era "*made in China*". Depois, era "*made in*" algum lugar de lá, como Singapura, Vietnã... Mas era chinês.

Cortella – Essa inovação incremental vale na arte, na ciência, na filosofia... Um dos equívocos dos séculos XX e XXI é supor a palavra "progresso" como positiva. Porque câncer também progride, assim como falência e ditadura. O mesmo acontece com a palavra "evolução". Quando alguém morre, o médico anota no prontuário: "Evoluiu para óbito". Em momento nenhum evolução tem sentido positivo.

Bial – Nem mesmo no evolucionismo.

Cortella – N'*A origem das espécies*, em nenhum momento **Darwin** entende evolução como sendo positiva. Ele trabalha com evolução no sentido original que essa palavra tem em grego, que é mudança. Tanto que Darwin não fala em sobrevivência do mais forte. O que ele escreve é que na forte luta pela vida, a sobrevivência é do mais apto. Ora, o mais apto é aquele que é capaz de fazer inovação incremental.

Bial – É aquele que se adapta melhor.

Cortella – Para mim, um mundo aprazível é aquele em que uma geração não ofende a outra. É um mundo capaz de, sem desprezar a geração anterior em termos de tempo, fazer inovação incremental. Por exemplo, meu pai arrepiou o meu avô italiano colocando para ouvir música orquestral com metais. Meu pai "ofendeu" a estética do meu avô, com **Glenn Miller**, **Tommy Dorsey** e **Artie Shaw**. Aquilo era música barulhenta para o meu avô. Já eu "ofendi" a estética do meu pai com *rock and roll*, especialmente quando ouvia quatro caras que tocavam uma música barulhenta, como a dos metais, mas de terno e gravata. A estética era diversa na música, mas na vestimenta, não. Meu pai apreciava dos Beatles os ternos, mas não o som. Também os Rolling Stones dos anos 60 usavam paletó e gravata. Nenhum deles recusou o título de *sir*, que é algo com mais de mil anos. Hoje, os dois maiores líderes dos Rolling Stones têm a idade do avô dos meus filhos e ainda lotam estádios, ginásios, praias... É a mais antiga banda de *rock* em exercício no planeta.

Bial – O que é uma cara muito simpática de um progresso no bom sentido da nossa sociedade, no que diz respeito à convivência de gerações. Porque a garotada está na plateia desses coroas.

Cortella – Os Rolling Stones colocaram quase dois milhões de humanos, entre eles muitos jovens, na praia de Copacabana em 2006. Seria algo estrondoso para observarmos o que é *cult* nos tempos atuais, se o **papa Francisco** não tivesse lá reunido número semelhante quando veio ao Brasil em 2013.

Bial – Sem tocar um acorde.

Cortella – Sim, apenas colocando as pessoas para rezar a noite inteira. Ou entendemos esse movimento de um menino que sai de onde estiver para ver os Rolling Stones, mas que também é capaz de lotar a areia de Copacabana para ficar ao relento como um peregrino rezando – porque o peregrino só tem a salvação se sofrer, ele é diferente do turista, que quer conforto –, ou nunca vamos entender também por que parte dos jovens vai em busca do terrorismo fundamentalista.

Bial – Você acha que é a mesma busca?

Cortella – É a mesma carência de sentido.

Bial – Acho que o *rock* tem uma mensagem messiânica também. Não acredito que os Rolling Stones sejam especialmente messiânicos, mas a linguagem do *rock* de estádio, às vezes, é quasi-fascista.

Cortella – A criogenia do *rock*, que é eliminar alguns dos seus aos 27 anos,* os coloca no tempo, dá a eles uma eternidade. O único que conseguiu romper isso, que foi **Michael Jackson**, morreu antes dos 60. Mas, mesmo assim, ele viveu bastante perto de outros ídolos.

Bial – Ele morreu com 51.

Cortella – Mas ele morreu várias vezes. A morte definitiva foi só a última – embora alguns digam que ele não tenha morrido ainda...

Bial – Ele está lá, vivo com o **Elvis** e o Botafogo! [*Risos*]

Cortella – Se o *rock* é um passaporte para a juventude, se o diabo é o pai do *rock*, como brincavam alguns – inclusive o também falecido jovem **Raul Seixas**, que morreu com 44 anos –, no Brasil do século XXI o *funk* é expressão do agora. Ele é a música da instantaneidade. Ele diz assim: "Vou transar com você, vou viver, vou pular...". Nos Estados Unidos, há uma nova tendência no *funk* e no *rap* de que sejam melancólicos. Eu li, nas últimas semanas, algumas letras de *funks* e *raps* norte-americanos que não são Bob Dylan; são **Dylan Thomas**. Sem que a música cite o sofrimento, ela tem uma marca interna disso. Não é: "Vou pegar você, eu sou o cara, veja o meu

---

*   Referência ao notável número de músicos que morreram aos 27 anos, como Jimi Hendrix, Janis Joplin, Kurt Cobain e Amy Winehouse. (N.E.)

carro". Não, é "a vida não tem sentido" – voltando a Cazuza e a Renato Russo.

Bial – Nesse sentido, o sertanejo está mais aparentado a esses dois. Ele é a expressão desse Brasil melancólico, saudoso, mas também expressão de nossa riqueza. E, em 2017, esse ano que todos têm a impressão de ter sido pobre para o país, o Centro-Oeste – Brasil do sertanejo – teve forte enriquecimento.

Cortella – É a região mais rica do país.

Bial – Sim, mas em 2017, especialmente, o Centro-Oeste cresceu muito, fez muito dinheiro. E o que me espanta é que o sertanejo chora.... Chora de barriga cheia!

Cortella – E agora está se agregando ao *funk*. O clipe mais visto no YouTube no Brasil, em 2017, juntou **Simone e Simaria** com **Anitta**. Meus filhos, que são da geração posterior a mim, cresceram ouvindo: "Vamos pular, vamos pular, vamos pular, vamos pular". Agora, canta-se: "Vamos beijar, vamos beijar, beijar, beijar". Por que hoje o sertanejo, como expressão estética, e o *funk* se agregam e fazem clipe juntos? O *funk* é a música da exclusão, da periferia do dinheiro por excelência nas grandes cidades.

Bial – É uma expressão da favela, da "comunidade".

Cortella – Ele é a possibilidade de dizer: "Eu vou fruir agora, porque amanhã não sei se vou estar vivo". E o sertanejo é a herança da nossa apressada urbanização. Nós tivemos no Brasil algo que o Ocidente não teve. Em 50 anos, 70% da população brasileira passou de rural para urbana – nem **Stálin** conseguiu fazer isso. O que veio da roça, dado que ela entrou na cidade com muita velocidade? A música, que depois virou o sertanejo e a religião.

Bial – Aquela música caipira que era restrita ao Sudeste virou o sertanejo.

Cortella – Virou também a religião. A religião urbana, até o Brasil começar a se desenvolver pela ditadura, era a católica. O catolicismo era a religião que estava se voltando para a construção da justiça social, com a Teologia da Libertação.[*] O que veio da roça quando o Brasil se urbanizou velozmente? A crença no demônio, nos espíritos circulando, na prática religiosa como histérica – alguns brincam que Jesus deve ser surdo e que, por isso, se grita em alto estilo nos templos.

Bial – E isso veio juntamente com uma maré protestante, neopentecostal, que não é só brasileira.

Cortella – Não é, mas aqui no Brasil ela nasce no Rio por conta de algo que é até simbólico. Por não ser uma cidade mais plana como São Paulo, por alternar vales e montanhas,

---

[*] Corrente teológica cristã nascida na Igreja católica, que defende o compromisso com os pobres. (N.E.)

a organização católica no Rio encontrou um problema de topografia e arquitetura. Desse modo, ela não tinha mais como expandir templos. Se observarmos no Rio, só existe a igreja da Penha no alto da montanha. Já São Paulo, sendo planalto, favoreceu o mundo cristão católico pois, até algumas décadas atrás, o lugar mais alto de uma cidade era o templo. A distância, era fácil enxergar a torre da igreja.

Bial – Mas essa lógica não faz sentido na Bahia, por exemplo, que tem suas igrejas todas no alto.

Cortella – Mas a Bahia se construiu assim. Já nas favelas cariocas, não foi possível, até pela topografia, erguer grandes templos católicos. O que chamamos de religião neopentecostal nasce no Rio, porque aqueles que a fundaram – entre eles, por exemplo, o pessoal que trabalha com o pós-neopentecostal – fizeram os templos onde o povo estava. Eles pegaram os antigos cinemas e os transformaram em templos. Do ponto de vista de assimilação da massa, isso é algo magnífico. Porque, para chegar aos antigos templos, dava trabalho. Era preciso antes visualizá-los e subir uma escada. A adesão dos fiéis, portanto, exigia esforço. Já os templos neopentecostais nasceram na reta da calçada, na beira dos pontos de ônibus. O sujeito estava ali, esperando o ônibus, e era sugado para dentro do templo.

Bial – Eles foram brilhantes do ponto de vista mercadológico.

Cortella – Muito. Como expansão, eles fizeram algo estupendo. Quando conseguiram instalar todos os seus templos em antigos cinemas, de modo que não era mais necessário fazer esforço para chegar até ali, começaram então a construir grandes templos. Essa prática religiosa neopentecostal atrai uma parte dos jovens, e chama também pessoas com mais idade e as que não encontram no mundo católico sua serenidade. Já o catolicismo romano antigo é considerado por muitos, em muitos lugares, uma religião de velhos. Isto é, vivido por pessoas que tinham essa forma religiosa como algo da sua trajetória obrigatória. Mas a religião não saiu do meio da juventude. O que temos, agora, são várias formas, várias igrejas novas que têm um mecanismo muito forte de sedução de jovens – e não me refiro a isso como algo negativo –, pois o que eles encontram ali? A ideia de uma causa. Assim, volto a uma pergunta: por que a geração dos anos 80 ficou melancólica?

Bial – Porque faltava a ela sentido, como falamos.

Cortella – E, por isso, percebo que a melancolia está voltando, agora.

Sem ócio não há negócio

Cortella – Você falou anteriormente sobre o quanto o seu desejo, quando mais jovem, era a realização. **Hegel** trabalha bem essa ideia. Ele diz que somos uma subjetividade que precisa reconhecer a si mesma. Nesse sentido, eu, Cortella, sou um sujeito que não sei o que sou e nem por que sou; apenas sou. Eu não pedi para sê-lo. Posso escolher deixar de sê-lo por minha conta, mas não quero. Mas eu não pedi para ser e nem escolhi ser. Eu ganhei a vida; ou vou desperdiçá-la ou vou usá-la bem. E o que é usá-la bem? Segundo Hegel, é a possibilidade de conhecer a si mesmo. Eu preciso saber o que sou. Como sou uma subjetividade que não é capaz de olhar para dentro, preciso me colocar para fora. Preciso ser uma subjetividade que se objetiva. Preciso me tornar real, me realizar. Em inglês, "*to realize*" significa ter consciência. Por isso, quando você diz, Bial: "Eu desejava e desejo a realização", o impulso interno é saber quem é Bial, e eu saber o que é Cortella ou quem é Cortella – porque o uso do "quem" já supõe que sejamos mais do que um "quê", dado que usamos o "quem" para pessoas e não para coisas; o pronome "quem" e o "quê" separados e distintos já são uma marca ou da nossa arrogância ou da nossa distinção.

Bial – Ou da nossa capacidade de ficcionalização. Porque o "quem" não deixa de ser uma ficção.

Cortella – Sim, o "quem" é uma ficção. Mas eu não quero que alguém diga "de que" é esse texto em vez de "de quem". Porque eu tenho autoria.

Bial – Mas, quando você explica a subjetividade hegeliana – "eu, para saber quem sou, saio de mim" –, isso significa que só nos encontramos no outro.

Cortella – Sim, claro. Só me encontro fora de mim, que é o outro que sou eu na minha obra. Mas eu não me encontro no outro como outra pessoa. Porque esse outro também está se exteriorizando. Eu me encontro na minha obra. Para Hegel, eu vou fazer o mundo porque preciso me conhecer. Marx vai inverter isso. Para ele, Hegel tem um ponto de partida equivocado, embora a lógica seja correta. Hegel diria: "É o espírito que faz o mundo". Marx vai dizer: "É o mundo que faz o espírito". Hegel dirá: "Eu sou o que faço". E Marx: "O que faço é que faz com que eu seja o que sou".

Bial – É uma dialética.

Cortella – Sim, essa é a dialética hegeliana colocada por Marx. O ponto de partida de Hegel é, portanto, idealista, é o espírito...

Bial – Eu vejo uma síntese. E essa síntese não se alcança.

Cortella – Exatamente. Marx dizia – e é gostoso porque lembra a sua "Oração do ansioso" – que a técnica, o mundo da máquina faria com que nos libertássemos do estado de necessidade. E esse mundo da máquina, nos libertando do estado de necessidade, faria com que nos sobrasse tempo. Marx, em meados do século XIX, sonhava ao expressar uma crença: a de que o homem do presente em breve teria condições de trabalhar, para que a humanidade se sustentasse, apenas quatro horas por dia. Fazendo aqui uma menção não literal, dizia ele: "Nós vamos trabalhar com as máquinas apenas quatro horas por dia. Porque elas produzirão o que precisamos para sobreviver. As 20 horas restantes serão livres para o nosso lazer, o nosso descanso". Marx continuava: "Teremos tantas horas livres, por causa da técnica e da máquina, que poderemos pescar, ler, passear". Ele fala isso no século XIX, e é por isso que há todo um movimento no final daquele período de reivindicação do tempo.

Bial – Isso tem a ver com o Romantismo.

Cortella – Sim, e tem a ver com o genro de Marx, **Paul Lafargue**, que, numa sociedade em que o movimento operário, isto é, a militância, reivindica o direito ao trabalho, escreve um livro maravilhoso chamado *O direito à preguiça*. Lafargue diz que reivindicar o direito ao trabalho é cair em uma armadilha do mundo capitalista, e que a única maneira de nós, os que fazemos o mundo, isto é, os operários, sermos livres é reivindicando o direito ao ócio, e não ao negócio. Digo isso porque Marx afirma que somos escravos do outro, posto que o outro é dono do nosso momento. O nosso momento, portanto, não nos pertence. Isto é, o nosso tempo é alienado, passado para outra pessoa. Ora, hoje se diz que uma parcela da juventude não é transviada – bons tempos, aliás, em que se falava isso –; ela é alienada, como você, Bial, comentou de parte dos jovens que encontrou no *Big Brother*.

Bial – Não, parte daqueles jovens era totalmente antenada à cultura hegemônica, à cultura do seu tempo.

Cortella – Uma das coisas que se ausentou desse cotidiano e que vitima uma parte dos jovens de idade, da juventude como faixa etária, é que ela se recusa ao ócio. Isto é, os jovens não têm tempo livre. E ócio não é vagabundagem, não é não ter o que fazer.

Bial – Sem ócio não há negócio. Como negar o ócio? É engraçado que ontem fui dormir pensando justamente numa frase clássica de **Nietzsche**, que diz assim: "O ócio é a mãe de toda psicologia". Isto é, cavou-se o ócio e, então, abriu-se a caixa das psicologias.

Cortella – O ócio é a possibilidade de ter um tempo liberado de obrigações. Mas, hoje, a tecnologia cria tantas obrigações desnecessárias, como, por exemplo, consultar, como você lembrava, de maneira contínua as redes sociais.

Bial – Contínua e obsessiva.

Cortella – Sim, doentia, ansiosa... Tanto que não somos mais, de fato, donos do nosso tempo. Somos donos de um tempo em que o nosso tempo é ocupado por aquilo que os outros estão fazendo no tempo deles. E precisamos dispor o nosso tempo, mas, para isso, precisamos ter tempo.

> **Não somos mais, de fato, donos do nosso tempo. Somos donos de um tempo em que o nosso tempo é ocupado por aquilo que os outros estão fazendo no tempo deles.**

Bial – E ainda se fala em tempo real. Mas o que é o tempo real?

Cortella – Você sabe que só em 2018 passei a ter Instagram. Algo que me pareceu engraçado foi a possibilidade de escrever Instagram oficial ou Instagram real. É claro que, do ponto de vista da filosofia, a noção do real é imensamente discutível. Mas existem vários perfis no Instagram que são *fakes*. E eu fico imaginando: será que o oficial não é *fake* também? À medida que podemos construí-lo, editá-lo, escolhê-lo, descartá-lo?

Bial – Mas é mais honesto falar em oficial.

Cortella – Sim, mas ele não deixa de ser um simulacro. Os gregos usavam uma expressão de que gosto muito, que é "quimera".

Bial – Que é a mistura de mais de um organismo.

Cortella – Exatamente. Os indianos têm uma palavra para a noção de "quimera", que é *"maya"*. É a ideia de que estamos sendo iludidos, da construção de uma ilusão, um abismo que nos amedronta e gera uma tristeza meditativa. Todas as vezes que ouço Renato Russo, ou que me lembro dele, me lembro também de uma frase de Nietzsche que diz que, quando olhamos para o abismo, ele olha de volta para nós. E é absolutamente aterrorizante ser olhado pelo abismo. Vejo que, hoje, vivemos uma ocupação tão contínua que fica difícil a própria percepção sobre qual seria a causa, a tarefa, o propósito e, portanto, o estilhaçamento do momento, o desenclausuramento em relação ao instante. Faço uma brincadeira filosófica: a palavra "ócio" é a ideia, em grego, de *skholé*, de onde vem a palavra "escola", no latim. *Skholé* é a possibilidade de não ter nenhuma prática produtiva. Isto é, poder se liberar e pensar. E, portanto, poder criar, inventar.

Bial – Só há criação com ócio.

Cortella – **Goethe** dizia que "os macacos não criam porque não têm ócio". Embora fosse um grande biólogo – chegou a escrever sobre o Brasil, inclusive –, é claro que Goethe não tinha ideia de que, sim, macacos também criam. Mas, para ele, naquele momento em que vivia, macacos não criavam. E o que ele indica na frase é a importância do ócio para a criatividade. Uma das coisas de que você e eu, Bial, idosos que somos, mais gostamos é o ócio — não é a vagabundagem, a desocupação; é a ausência da obrigatoriedade.

Bial – Custei muito a conquistar isso, foi algo dificílimo para mim. Até as férias pareciam uma obrigação. Na verdade, a obrigação ao lazer ainda é difícil para mim.

Cortella – Ela se parece com a ideia de inutilidade?

Bial – Sim, é por isso que até hoje tenho dificuldades em não fazer nada. O ócio é uma conquista.

Cortella – E é uma conquista mais madura. O ócio não é exclusivo de pessoas com mais idade, mas ele é uma conquista da maturidade – lembrando que alguém pode ser maduro com 20 anos. Inclusive, alguns nomes que se fizeram memoráveis na trajetória da humanidade eram muito jovens quando se tornaram heróis.

Bial – Como o próprio Nietzsche. Temos dele a imagem de um velho barbudo, mas Nietzsche tinha menos de 30 anos quando escreveu suas principais obras. Era um moleque!

Cortella – Mas, para brincar um pouco, Nietzsche tinha uma vantagem sobre nós: ele era solteiro. Ou seja, tinha mais ócio. Não é casual que boa parte dos grandes textos de filosofia, dentro de um período da história humana, tenha surgido dentro do clero...

Darwin, de quem falávamos antes, tinha 19 anos quando embarcou no Beagle,* por sua vez comandado por **Robert FitzRoy**, que tinha somente 23. E embora, por razões religiosas, a teoria da evolução das espécies tenha sido publicada somente mais tarde, quando Darwin começou a construí-la, tomando ideias anteriores de seu avô, estava com 22 anos.

Mais um exemplo: **dom Pedro I** proclamou a nossa independência quando tinha 24 anos. E morreu antes dos 35. Por que estou dizendo isso? Porque a nossa idealização da maturidade foi tão danosa quanto é a idealização da juventude. Dentro da imagética brasileira, não pensamos em dom Pedro I como um menino de 20 anos de idade.

Bial – Mesmo porque houve todo um esforço, depois da independência, de inventar a tradição brasileira. Existe até um livro que fala disso, *A fabricação do imortal*,** de **Regina Abreu**. Criou-se uma tradição para um país tropical.

Cortella – A mitificação do idoso está na nossa iconografia, e é tão danosa quanto a mitificação do jovem. A ideia de ter um mundo comandado pelo seniores, pelos mais idosos, pelos vetustos, por aquilo que os romanos chamavam de veteranos, que eram aqueles que já estavam envelhecendo e, portanto,

---

* Nome da embarcação que levou Darwin em sua famosa expedição pelo Hemisfério Sul entre 1831 e 1836. (N.E.)
** São Paulo: Rocco/Lapa, 1996. (N.E.)

tinham o comando, ao contrário dos calouros, isto é, aqueles que estavam sempre ansiosos – aliás, a palavra "calouro" diz exatamente daquele que está cheio de calor de tanto correr para lá e para cá, sem sossego –, é uma contribuição ruim. Isto é, imaginar que a República é feita por homens idosos, que a nossa ciência, a nossa arte, a nossa religião é construída por pessoas que têm muito mais idade. Pois isso não é necessariamente verdade. O que eu acho negativo sempre, Bial, é a nossa incapacidade de olhar os tempos.

A mitificação do idoso está na nossa iconografia, e é tão danosa quanto a mitificação do jovem.

O valor do tempo

Cortella – Costumo dizer algo que parece óbvio: todo ser humano, sem exceção, sempre viveu na era contemporânea. Portanto, eu sou contemporâneo de todas as sete bilhões de pessoas que vivem no nosso planeta. Mas nós não vivenciamos a contemporaneidade do mesmo modo. O modo Cortella de ser contemporâneo não é o mesmo de alguém com 20 ou 30 anos. Nós somos contemporâneos ao mesmo tempo, porém, não vivemos o tempo do mesmo modo. A sua percepção e a minha, Bial, como pessoas com mais idade que somos, em relação ao Brasil de agora, é diversa de alguém de 15, 20 anos, que está mergulhado numa experiência muito recente de vivência – mesmo que seja alguém de 20 anos de vida com, digamos, cinco anos de uma percepção um pouco mais assimilada daquilo que ali está. Nós somos contemporâneos, mas não do mesmo jeito. Essa contemporaneidade é múltipla no modo de ser. Por isso, não podemos dizer: "Esses jovens não querem saber de nada". Ou: "Eles não entendem as coisas, só querem saber de ficar grudados na internet. Nós (batendo no próprio peito) tivemos um projeto político, enfrentamos a ditadura". Essa desqualificação do jovem é tão malévola quanto a desqualificação do idoso.

Bial – É verdade. E isso fica ainda mais dramático não apenas nas configurações familiares, mas também no contexto de uma sociedade com gerações que estão cada vez mais lado a lado no ambiente de trabalho. Existe, claro, uma ansiedade ou um calor do calouro que é próprio da idade, hormonal mesmo. É natural do jovem pensar que "não veio ninguém antes de mim". Isso é característico dele e não é necessariamente mau. Mas existe um peixe podre vendido ao jovem, algo que é nocivo, mentiroso e indesejável, quando se diz que, depois da juventude, não há nada. Portanto, "faça o que tem que fazer enquanto é jovem". Isso não é bom para ninguém. Não é bom para o jovem, nem para a coletividade. Pois é depois da juventude que tudo começa. E vem muita vida pela frente. Então, de repente, o sujeito se vê aos 60, ou aos 50, ou até mesmo antes, sem um projeto, porque achava que tinha que fazer tudo o queria até os 40. Não. Esse pensamento de longo prazo, que é o pensamento mais sofisticado que o ser humano pode ter – como falamos anteriormente no caso do bom ambientalista, de pensar nas próximas gerações –, precisa ser ensinado e incentivado.

> **Existe um peixe podre vendido ao jovem, algo que é nocivo, mentiroso e indesejável, quando se diz que, depois da juventude, não há nada.**

Cortella – Ter um projeto significa lançar-se adiante, projetar-se...

Bial – Aliás, acredito que essa valorização do jovem acontece, de certa forma, porque se percebeu que ele é o consumidor ideal. Ele é o alvo mais fácil para quem quer vender ou quer convencer alguém a comprar algo. Depois de um certo tempo, percebemos que o motor da vida é conviver com as dúvidas e que o nosso grande desafio é conseguir lidar com a ambivalência, já que somos testados o tempo todo. Mas o jovem busca certezas, e isso é justamente o que a sociedade de consumo e a publicidade vendem. O jovem ainda acredita e aposta nas certezas. Ele é o consumidor impulsivo por definição.

Cortella – O capital é tão inteligente, Bial, que ele foca hoje, como grandes consumidores, dois públicos-alvo que, independentemente de qualquer outra questão, têm um princípio equivalente. O primeiro desses grupos são os jovens, com a ideia de que eles precisam viver o instante e, portanto, gastar todos os recursos no agora, sem poupar.

Bial – Porque a juventude vai acabar, então, "aproveite agora". E os jovens têm capacidade de discernimento limitada.

Cortella – O segundo grupo é o LGBT, que cada vez mais tem suas pautas no cotidiano – e é necessário que o seja, aliás.

Bial – E esse grupo tem capacidade de acumulação grande.

Cortella – Sim, o nível de poupança do grupo LGBT é maior em termos de capacidade financeira, e isso por conta até do ordenamento do que é família ainda hoje no Brasil. E esse grupo se anima – e eu com ele –, com duas coisas: a primeira delas é a possibilidade de ser pauta também, e a segunda, a possibilidade de ser ouvido. Mas penso que a comunidade LGBT precisa ter cautela para não se iludir com a ideia de que há tamanha amplitude nas pautas que está obtendo. Isto é, quem observa aquilo que está na mídia e nas discussões no Brasil, hoje, talvez suponha que a nossa grande questão seja a relação homoafetiva, que traz com ela a discussão sobre respeito e tolerância, quase como se não tivéssemos questões relativas à pobreza e à educação escolar, entre outras.

Bial – Faço um parêntese aqui: essa foi uma das razões da vitória de **Donald Trump**, nos Estados Unidos. Enquanto os autoproclamados progressistas discutiam o acesso de transpessoas a banheiros e questões afins, abandonavam a velha agenda que ainda é a principal: a da pobreza e da desigualdade.

Cortella – Sim. Esse monotematismo, que não pode ser desqualificado porque é importante, claro, vem ocupando as nossas pautas cotidianas. Nossos temas no cotidiano estão mais voltados para liberdade de expressão, liberdade de gênero, transexualidade, que são temas importantes, mas que não podem ser exclusivos. Veja, não quero desqualificar essa pauta...

Bial – ... mas a agenda da desigualdade e da pobreza ainda é central. Ela é básica.

Cortella – Ora, aponto nessa direção porque percebo que você entrevista em seu programa, Bial, muito mais pessoas idosas do que jovens.

Bial – Eu nunca tive essa percepção.

Cortella – Mas eu tenho, como espectador. E fico curioso em saber: o jovem tem o que dizer?

Bial – Sim, claro, até porque ele é mais descuidado, imprudente ao dizer.

Cortella – Mas, como troca simbólica de conhecimento, sobre o que você pode conversar com um menino de 16 anos, por exemplo? Não quero fazer aqui a *seniolatria*, mas acredito que precisamos ter cuidado para não desprezar aquilo que é a vivência de pessoas com mais idade. Assim como não devemos desprezar aquilo que é a capacidade de conteúdo de quem é mais jovem.

Participei, outro dia, de uma discussão em uma emissora de rádio sobre a diferença na premiação das mulheres em um campeonato de *skate* em Santa Catarina, que foi inferior à dos homens. A questão de debate era: essa remuneração não deveria igual? Bem, a nossa igualdade vai até qual limite? No campeonato masculino, havia 22 competidores mundiais; já no feminino, apenas 10, sendo a maioria amadora. Dizia **Juca Kfouri** na conversa: "Vou eu pagar à **Marta** o mesmo que se paga ao **Neymar?**". Pois a disputa é diferente. Sem desqualificar a Marta, mas para se tornar o Neymar é um pouco mais complexo.

Bial – Isso não tem discussão, a meu ver.

Cortella – Não tem discussão. E em relação ao jovem?

Bial – Também não tem discussão. Agora, o que o mercado valora esconde, muitas vezes, mecanismos que são absolutamente arbitrários e até mesmo injustos. Se um jovem de 16 anos que vai ao meu programa é um cantor de *hip-hop* "bombado", ele pode estar ganhando fortunas. Já um senhor de 60 e tantos anos, um cientista social genial que vai lá pensar o Brasil e explicar o que está acontecendo no país de uma maneira que esse jovem cantor jamais conseguiria fazer, talvez ganhe o salário de um professor de universidade. Portanto, esse é um dos mecanismos perversos do mercado. Mas, no exemplo do campeonato de *skate*, da Marta e do Neymar, eu vejo uma questão de justiça, pois a disputa feminina tem ali menos concorrentes. Já no caso de um produtor de conhecimento e sabedoria e de um artista popular...

Cortella – Esse tipo de valoração é o que chamamos de uma obra intangível. Isto é, quanto vale uma consulta médica?

Bial – Depende do médico.

Cortella – Como se calcula o valor de uma aula? Quanto vale um livro? Nós vamos calcular esse valor – como é feito, de fato – pelo custo de produção editorial? Pelo tanto que se gasta de papel e de tinta? Ou pelas ideias? Quanto valem as ideias? Por isso, há valor também no que está fora de mim e, especialmente no conteúdo de uma frase de **Terêncio**, escritor latino que diz: "Nada do que é humano me é estranho". Ora, isso é algo que esteve inspirando a nossa conversa o tempo todo, essa curiosidade pelo humano. Eu tenho curiosidade pelo humano de qualquer idade, seja uma criança de um mês e meio, seja alguém de 10, de 40 anos. Tenho muita curiosidade sobre mim, sobre o que sou e o que faço, mas tenho o desejo de conhecer também o que fazem outras pessoas.

Para encerrar, eu queria lembrar de algo que eu fazia quando começava alguns cursos na universidade, para falar de tempo, temporalidade, percepção de história, do que é ser contemporâneo. Às vezes, eu desenhava na lousa uma linha do tempo da filosofia e a dividia em antiga, medieval, moderna e contemporânea, para mostrar aos alunos duas coisas com as quais precisamos ter cautela quando olhamos para a nossa contemporaneidade. A primeira delas é que a filosofia medieval, por exemplo, tem como seus dois principais pensadores **santo Agostinho** e **são Tomás de Aquino**, ambos teólogos que pertenceram ao clero católico. Quando pensamos em filosofia medieval, é impossível não se lembrar desses dois nomes. Mas nós estamos mais perto de são Tomás de Aquino, em termos de anos, do que ele estava de santo Agostinho. Nós somos mais contemporâneos de Tomás de Aquino do que ele era de Agostinho. Agostinho viveu entre o século IV e o século V; Tomás de Aquino, no século XIII. Portanto, o número de anos que nos separa de Tomás de Aquino é menor do que o que separa os dois. Isso causa certo espanto. É mais ou menos como pensar qual estado brasileiro é maior em território: Pernambuco ou Piauí? Boa parte das pessoas responde que Pernambuco é maior. Porque para nós, simbolicamente, o Piauí está mais distante. Mas o Piauí tem o dobro do tamanho de Pernambuco em termos de território.

> **Dizer: "Meu mundo era bom", ou, com a ideia de que o mundo que vale é este que está sendo feito agora: "Esse passado, seu tempo, não presta", isso é esquecer a história. E esse esquecimento da história faz mal para todos, sem exceção.**

O segundo ponto é que, como todo mundo que estudou filosofia sabe, a grande influência de Agostinho foi Platão. Entre Platão e Agostinho são mil anos de diferença! Agostinho viveu nos séculos IV-V d.C. e Platão, no século V a.C. Ora, a nossa noção de contemporaneidade tem que ser clivada pela história. Dizer: "Meu mundo era bom", ou, com a ideia de que o mundo que vale é este que está sendo feito agora: "Esse passado, seu tempo, não presta", isso é esquecer a história. E esse esquecimento da história faz mal para todos, sem exceção, porque nos faz perder a referência.

Bial – Adorei isso! Essa sua arrematada final me fez lembrar daqueles pais que ficam falando que "na minha época, no meu tempo, era melhor". Isso é de uma desonestidade danada, porque a nossa memória edita os fatos. Cortamos os maus momentos e criamos uma fantasia. Nesse sentido, a memória é uma tremenda editora.

Cortella – E também o cotidiano edita. A filosofia diz que quem menos sabe da água é o peixe. E há pessoas de várias idades que querem avaliar o agora, agora.

Bial – Ou tomam o "então" por "agora"...

Cortella – Vale a humildade ensinada pelo ditado chinês que adverte que, "depois daquela montanha, tem mais montanha"...

GLOSSÁRIO

Abreu, Regina: É professora-associada da Universidade Federal do Estado do Rio de Janeiro (Unirio). Doutora em Antropologia Social pela Universidade Federal do Rio de Janeiro (UFRJ), tem experiência nas interfaces dessa área com a memória social, o patrimônio cultural, os museus, o audiovisual e o estudo de trajetórias.

Alighieri, Dante (1265-1321): Escritor italiano nascido em Florença, algumas de suas obras mais importantes são *Vida nova* e *Divina comédia*. Na primeira, Dante narra a história de seu amor platônico por Beatriz. A segunda é um poema alegórico filosófico e moral que resume a cultura cristã medieval.

Andrade, Mário de (1893-1945): Poeta e ensaísta brasileiro, foi um dos expoentes do Modernismo. Em 1922, liderou, juntamente com Oswald de Andrade, a Semana da Arte Moderna, e publicou *Pauliceia desvairada*, que se tornou um marco desse período.

Andrade, Oswald de (1890-1954): Poeta e ensaísta brasileiro, foi um dos idealizadores da Semana da Arte Moderna de 1922, tornando-se um dos nomes mais conhecidos desse movimento. De estilo irreverente e combativo, radicalizou os ideais do Modernismo com a publicação do *Manifesto antropófago*, em 1928, que propunha deglutir criticamente outras culturas para, assim, produzir algo genuinamente nacional.

Anitta (1993): Nome artístico de Larissa de Macedo Machado, cantora e compositora de *funk* de grande projeção nacional. Ficou famosa com a música "Show das poderosas".

Aristóteles (384-322 a.C.): Filósofo grego, é considerado um dos maiores pensadores de todos os tempos e figura entre os expoentes que mais influenciaram o pensamento ocidental. Discípulo de Platão, interessou-se por diversas áreas, tendo deixado um importante legado sobre lógica, física, metafísica, moral e ética.

Bauman, Zygmunt (1925-2017): Sociólogo e filósofo polonês, ficou famoso pelo conceito de "modernidade líquida", que se caracteriza por relações efêmeras e superficiais. Autor de vários livros, entre eles destacam-se *Amor líquido: Sobre a fragilidade dos laços humanos*, *Modernidade e ambivalência* e *Vida para consumo*.

Beethoven, Ludwig van (1770-1827): Ao lado de Bach e Mozart, é considerado um dos maiores compositores do século XIX. Com ele, surge o romantismo musical alemão. Autor de sonatas, quartetos, sinfonias e da ópera *Fidélio*, uma de suas obras mais conhecidas é a *Nona sinfonia*. A surdez progressiva lhe possibilitou alcançar as alturas de uma música abstrata, além de toda a beleza sensorial.

Bezos, Jeff (1964): Homem mais rico do mundo, de acordo com a edição de 2018 da revista *Forbes*, o bilionário americano é fundador e presidente da Amazon, uma das mais famosas e importantes empresas de comércio eletrônico que existem no mercado.

Bilac, Olavo (1865-1918): Jornalista, exímio prosador, orador, propagandista da Abolição, foi um dos mais notáveis poetas brasileiros, tendo participado da fundação da Academia Brasileira de Letras. Unindo o parnasianismo francês e a tradição lusitana, elegeu as formas fixas do lirismo, principalmente o soneto.

Bonaparte, Napoleão (1769-1821): General francês, governou o país durante quase dez anos e invadiu grande parte da Europa, no intuito de consolidar um império europeu regido pela França. Após um fracassado ataque à Rússia, foi obrigado a exilar-se. Ainda retornou à França com seu exército, iniciando um governo de Cem Dias, mas, derrotado pelos ingleses na Batalha de Waterloo, foi para o exílio novamente, onde morreu.

Boorman, John (1933): Cineasta inglês radicado na Irlanda, dirigiu, entre outros, *À queima-roupa* (1967), *Zardoz* (1974) e *Excalibur* (1981). Diretor premiado em Cannes, foi indicado ao Oscar pelos filmes *Amargo pesadelo* (1972) e *Esperança e glória* (1987).

Bowie, David (1947-2016): Cantor, compositor, ator e produtor musical inglês, David Robert Jones foi da androgenia extravagante do *glam rock* ao estilo mais introspectivo em seus últimos trabalhos, ficando conhecido, por essa versatilidade artística, como o "camaleão do *rock*". Entre suas canções mais famosas, estão "Space oddity", "Rebel, rebel" e "Heroes".

Calligaris, Contardo (1948): De origem italiana, é psicanalista, doutor em Psicologia Clínica. Escritor, tem vários livros publicados e assina uma coluna no jornal *Folha de S.Paulo*.

Candido, Antonio (1918-2017): Sociólogo, foi um dos mais importantes críticos literários brasileiros, tendo recebido diversos prêmios, entre eles o Jabuti, em quatro ocasiões, e o Camões. Atuou também como professor em importantes universidades, como USP, Unesp e Unicamp. Militou no Partido Socialista Brasileiro (PSB) e, posteriormente, participou da fundação do Partido dos Trabalhadores (PT).

Carvalho, Apolônio de (1912-2005): Ativista político brasileiro, teve formação militar, mas foi expulso do Exército por participar do levante comunista de 1935. Ingressou no Partido Comunista Brasileiro (PCB) e participou da Guerra Civil espanhola, da Resistência Francesa contra o nazismo e da luta contra a ditadura no Brasil. Foi um dos fundadores do Partido dos Trabalhadores (PT).

Casé, Regina (1954): Atriz carioca de cinema, teatro e televisão, onde também atua como apresentadora, participou do grupo teatral Asdrúbal Trouxe o Trombone e tornou-se nacionalmente conhecida com o programa *TV Pirata*, humorístico criado em 1988 com a proposta de satirizar a própria televisão, e como apresentadora de *Brasil Legal* e *Esquenta!*, pela Rede Globo.

Cazuza (1958-1990): Cantor e compositor brasileiro, Agenor de Miranda Araújo Neto, o Cazuza, ficou conhecido como vocalista e principal letrista da banda Barão Vermelho para, depois, seguir carreira solo. De personalidade forte, polêmica e rebelde, foi um dos ícones da geração dos anos 1980. Entre suas canções, destacam-se "Pro dia nascer feliz", "Exagerado" e "O tempo não para". Morreu vítima da Aids aos 32 anos.

Churchill, Winston (1874-1965): Político britânico de carreira militar, foi primeiro-ministro da Inglaterra durante a Segunda Guerra Mundial. Notabilizou-se por seus discursos e publicações, tendo sido contemplado com o prêmio Nobel de Literatura.

Connery, Sean (1930): *Sir* Thomas Sean Connery é um ator escocês, famoso até hoje pelo papel do agente secreto James Bond, nos primeiros filmes da série *007*. Construiu uma sólida carreira, tendo atuado em vários filmes de sucesso como *Assassinato no Expresso Oriente* (1974), *O nome da rosa* (1986) e *Indiana Jones e a última cruzada* (1989). Entre outros prêmios, recebeu o Oscar de melhor ator coadjuvante pelo filme *Os intocáveis* (1987).

Darwin, Charles (1809-1882): Biólogo e naturalista inglês, suas observações da natureza levaram-no ao estudo da diversidade das espécies e, em 1838, ao desenvolvimento da teoria da seleção natural. Em sua obra *A origem das espécies*, de 1859, apresenta a teoria da evolução das espécies a partir de um ancestral comum.

Dorsey, Tommy (1905-1956): Músico americano, começou sua carreira tocando trompete e trombone para, depois, se tornar líder de algumas das mais importantes das chamadas *big bands*, nome dado aos grandes conjuntos de *jazz* em um período que ficou conhecido como a era do suingue.

Drummond de Andrade, Carlos (1902-1987): Um dos maiores poetas brasileiros, de temática introspectiva, sua técnica era destacada pelo meticuloso domínio do ritmo, pela invenção vocabular e pela revalorização da rima. Foi também contista e cronista.

Dylan, Bob (1941): Cantor e compositor *folk*, Robert Allen Zimmerman é um dos maiores ícones da contracultura americana, tendo influenciado artistas e bandas como os Beatles e os Rolling Stones. Suas canções são marcadas pelas letras de protesto e de cunho existencial. Uma das mais conhecidas e aclamadas é "Blowin' in the wind". Em 2016, recebeu o prêmio Nobel de Literatura.

Engels, Friedrich (1820-1895): Socialista alemão, filho de um rico industrial, ficou impressionado pela situação de miséria dos operários. Com Karl Marx, estabeleceu as bases do marxismo e escreveu *O manifesto comunista* (1848). Após a morte de Marx, ajudou a publicar os dois últimos volumes d'*O capital*.

Favaretto, Celso (1941): Professor e pesquisador brasileiro nascido em São Paulo, graduado em Filosofia pela PUC-Campinas, publicou os livros *Tropicália: Alegoria, alegria* (1979), considerado um dos mais completos trabalhos sobre esse movimento, e *A invenção de Hélio Oiticica* (1992).

Ferdinand, Franz (1863-1914): Arquiduque herdeiro do Império Austro-Húngaro, foi morto, juntamente com sua esposa, por Gavrilo Princip, estudante sérvio-bósnio separatista, durante visita oficial a Sarajevo, capital da Bósnia. Seu assassinato foi o estopim para o início da Primeira Guerra Mundial, com a declaração de guerra da Áustria à Sérvia.

Fernandes, Florestan (1920-1995): Um dos nomes mais influentes da sociologia brasileira, foi professor da USP e da PUC-SP, além de ter lecionado nas universidades americanas de Columbia e Yale e na Universidade de Toronto, no Canadá. Teve forte atuação política, com dois mandatos como deputado federal (1987-1994), durante os quais atuou em defesa da escola pública e realizou exames críticos ao projeto da Lei de Diretrizes e Bases da Educação Nacional.

Fernandes, Millôr [Milton Viola Fernandes] (1923-2012): Como cartunista, colaborou nos principais órgãos de imprensa; como cronista, publicou mais de 40 títulos. Foi também dramaturgo de sucesso, artista gráfico com trabalhos expostos em várias galerias e no Museu de Arte Moderna do Rio de Janeiro. Escreveu roteiros de filmes, programas de televisão, *shows* e musicais, além de ter traduzido diversas obras teatrais. Irônico, polêmico, com seus textos e desenhos (des)construiu a crônica dos costumes brasileiros.

FitzRoy, Robert (1805-1865): Um dos mais jovens marinheiros ingleses a comandar um navio hidrográfico, foi capitão do HMS Beagle em duas ocasiões, incluindo a famosa expedição de Charles Darwin, que foi fundamental para o desenvolvimento da teoria da evolução das espécies.

Freud, Sigmund (1856-1939): Médico neurologista e psiquiatra austríaco, ficou conhecido como o "pai da psicanálise", por seu pioneirismo nos estudos sobre a mente humana e por apresentar o conceito de inconsciente. Para Freud, somos todos movidos por duas pulsões antagônicas, de vida e morte, as quais, diferentemente dos instintos, não são determinadas biologicamente, mas sim pelos desejos.

Gil, Gilberto (1942): Cantor e compositor brasileiro, foi, ao lado de Caetano Veloso, um dos líderes da Tropicália. Em 1967, ganhou projeção nacional no Festival de MPB da TV Record com a música "Domingo no parque". Em 1969 foi preso pela ditadura militar, exilando-se em Londres até 1972, quando voltou ao Brasil. Entre os vários discos que gravou, destacam-se *Expresso 2222*, *Refazenda*, *Realce* e *Quanta*.

Goethe, Johann Wolfgang von (1749-1832): Poeta, dramaturgo e ensaísta, é ainda hoje um dos nomes mais importantes da literatura alemã e do romantismo europeu. Seu trabalho reflete o desenvolvimento das observações colhidas ao longo da vida, marcada por sofrimento, tragédia, ironia e humor. *Fausto* é sua obra-prima.

Guimarães, Luiz Fernando (1949): Ator, humorista e apresentador, estreou no teatro na peça *O inspector geral*, de Gogol, encenada pelo grupo teatral Asdrúbal Trouxe o Trombone. Atuou em cinema e teatro e, na televisão, fez novelas, séries e programas de humor. Integrou o elenco de *TV Pirata*, que estreou em 1988, fez dupla com Regina Casé no *Programa Legal*, no início da década de 1990, e foi um dos responsáveis pelo sucesso de *Os Normais*, com Fernanda Torres, de 2001 a 2003, série precursora do filme, que foi grande sucesso.

Harari, Yuval (1976): Historiador e professor israelense, sua pesquisa tem focado a relação entre história e biologia. É autor dos *best-sellers*

Sapiens: Uma breve história da humanidade (2014) e *Homo Deus: Uma breve história do amanhã* (2016).

Hegel, Georg Wilhelm Friedrich (1770-1831): Filósofo alemão muito influente, defendeu uma concepção monista, segundo a qual mente e realidade exterior teriam a mesma natureza. Acreditava que a história é regida por leis necessárias e que o mundo constitui um único todo orgânico.

Horácio (65-8 a.C.): Poeta e filósofo romano, teve seus estudos financiados pelo pai, escravo liberto. Lírico, satírico e moralista político, uma de suas obras mais importantes constitui-se nos quatro livros que compõem as *Odes*, conjunto de poemas de onde foi retirada a famosa expressão *carpe diem*, "aproveite o dia".

Imperial, Carlos (1935-1992): Produtor musical brasileiro, ajudou a lançar artistas como Roberto Carlos, Elis Regina e Tim Maia. Compôs sucessos como "O bom", "Mamãe passou açúcar em mim" e "A praça", música que ficou famosa na voz de Ronnie Von.

Jackson, Michael (1958-2009): Cantor americano, ficou conhecido como o "rei do *pop*" e influenciou artistas de diversos gêneros musicais. Excêntrico, envolveu-se em algumas polêmicas, entre elas a acusação de pedofilia. A mudança em sua aparência ao longo dos anos, especialmente na cor da pele, também gerou muita controvérsia. Morreu vítima de uma intoxicação medicamentosa, embora alguns de seus fãs acreditem que tudo não tenha passado de uma farsa.

Kandinsky, Vassily (1866-1944): Pintor russo, foi um dos principais teóricos do abstracionismo, defendendo a libertação da arte, em contraposição às formas figurativas de representação do mundo.

Kant, Immanuel (1724-1804): Filósofo alemão, suas pesquisas conduziram-no à interrogação sobre os limites da sensibilidade e da razão. A filosofia kantiana tenta responder às questões: Que podemos conhecer? Que podemos fazer? Que podemos esperar? Entre suas obras, destacam-se *Crítica da razão pura*, *Crítica da razão prática* e *Fundamentação da metafísica dos costumes*.

Kerouac, Jack (1922-1969): Escritor americano, ícone da chamada geração *beat*, sua obra mais conhecida é *On the road*, publicada em 1957 e considerada a "bíblia *hippie*". De inspiração autobiográfica e escrita espontânea, o livro conta a história de dois amigos que cruzam os Estados Unidos, em uma jornada que foi de grande influência para a juventude dos anos 1960, que colocava a mochila nas costas e o pé na estrada.

Kfouri, Juca (1950): José Carlos "Juca" Amaral Kfouri é um jornalista e comentarista esportivo brasileiro. Atuou em importantes veículos de comunicação do país.

Klee, Paul (1879-1940): Pintor suíço, naturalizado alemão, pode ser descrito como o mais eclético dos modernos, tendo sido influenciado por tendências como o expressionismo, o cubismo e o surrealismo. De estilo individual marcante, sua obra trabalha materiais diferentes e sintetiza elementos diversos como a arte pré-colombiana, o racionalismo geométrico, a arte *naïf* e o traço infantil.

Kurosawa, Akira (1910-1998): Cineasta japonês, um dos mais aclamados do mundo, seus filmes influenciaram diversos diretores. Entre seus trabalhos mais conhecidos, destaca-se *Ran* (1985), cujo roteiro é baseado na peça *Rei Lear*, de William Shakespeare, e conta a história do chefe de um clã que cede o comando para o mais velho de seus três filhos.

La Taille, Yves de (1951): Nascido na França, desde criança vive no Brasil. Professor de Psicologia do Desenvolvimento Moral na USP, é um dos especialistas mais respeitados do país nessa área. É coautor dos livros *Nos labirintos da moral* (com Mario Sergio Cortella) e *Indisciplina na escola*, e autor, entre outros, de *Ética para meus pais*.

Lafargue, Paul (1842-1911): Jornalista francês, ficou conhecido pelo ativismo político de orientação marxista. Genro de Karl Marx, empenhou-se em divulgar *O capital* na imprensa, colocando conceitos teórico-filosóficos numa linguagem mais acessível. Dentre suas obras, destaca-se *O direito à preguiça*, panfleto político que faz críticas satíricas à exploração da classe trabalhadora.

Marcuse, Herbert (1898-1979): Influente filósofo alemão do século XX, pertencente à Escola de Frankfurt, foi um dos principais críticos da sociedade de consumo. Entre suas obras, destacam-se *Eros e civilização* (1955) e *O homem unidimensional* (1964), que influenciaram os movimentos estudantis de esquerda dos anos 1960.

Marta (1986): Nascida em Alagoas, Marta Vieira da Costa é considerada a melhor jogadora de futebol da história, tendo conquistado vários títulos, como o de maior artilheira da seleção brasileira, incluindo a masculina.

Marx, Karl (1818-1883): Cientista social, filósofo e revolucionário alemão, participou ativamente de movimentos socialistas. Seus estudos resultaram na obra *O capital* (1867), que exerce até hoje grande influência sobre o pensamento político e social no mundo todo.

Meisler, Rony (1981): Jovem empreendedor carioca, conhecido pelo estilo polêmico, criou em 2004, em parceria com o amigo de infância Fernando Sigal, a bem-sucedida marca de roupas Reserva, considerada uma das empresas mais inovadoras do mercado. Em 2014, lançou o projeto Rebeldes com Causa, que apoia o empreendedorismo social.

Mesquita, Evandro (1952): Cantor, compositor e ator, na década de 1970 iniciou seu trabalho no grupo teatral Asdrúbal Trouxe o Trombone. Fez grande sucesso no início da década de 1980 como líder e vocalista da Blitz, uma das bandas de *rock* mais populares da época – que voltou à ativa em 2006 e continua gravando, com sua participação. Trabalhou em telenovelas e filmes e atua como produtor, diretor e roteirista de filmes, peças e discos.

Miller, Glenn (1904-1944): Músico americano, liderou uma aclamada orquestra de *jazz*, tornando-se um dos artistas mais vendidos de sua época. "Moonlight serenade", composição própria, foi um de seus grandes sucessos.

Mitterrand, François (1916-1996): Foi o primeiro presidente socialista da França, tendo ocupado o cargo por 14 anos, entre 1981 e 1995. Em seu governo, estatizou bancos e indústrias, aumentou o salário mínimo, gerou milhares de empregos públicos, porém, a recessão o obrigou a adotar, depois, uma postura mais austera. Em 1992, visitou Sarajevo, capital da Bósnia, com o propósito de mobilizar a opinião pública mundial para a gravidade da guerra que ali se desenrolava.

Musk, Elon (1971): Bilionário nascido na África do Sul, vive nos Estados Unidos, onde fundou a Tesla Motors, empresa especializada em carros elétricos, e a SpaceX, com o objetivo de reduzir os custos do transporte espacial e, assim, colonizar Marte.

Neymar (1992): Jogador de futebol brasileiro, Neymar da Silva Santos Júnior é considerando um dos melhores do mundo. Iniciou sua carreira no Santos e desde 2013 atua no futebol europeu.

Niemeyer, Oscar (1907-2012): Arquiteto brasileiro reconhecido mundialmente, seu trabalho marcado pelas curvas de concreto armado fez dele um dos ícones da arquitetura moderna. Com obras em diversos países, no Brasil projetou, entre muitas outras construções, o Palácio do Planalto, o Congresso Nacional e a praça dos Três Poderes, em Brasília, e o Memorial da América Latina, em São Paulo.

Nietzsche, Friedrich (1844-1900): Filósofo alemão, elaborou críticas devastadoras sobre as concepções religiosas e éticas da vida, propondo uma reavaliação dos valores humanos. Algumas de suas obras mais conhecidas são *A gaia ciência* (1882), *Assim falou Zaratustra* (1883), *Genealogia da moral* (1887) e *Ecce homo* (1888).

Papa Francisco (1936): Sucedendo Bento XVI, que abdicou ao papado em fevereiro de 2013, o jesuíta intelectual, cardeal argentino Jorge Mario Bergoglio é o primeiro papa da América Latina. Adotou o nome de Francisco, por identificar-se profundamente com a figura de são Francisco de Assis, declarando diversas vezes querer "uma Igreja pobre para os pobres".

Papa Leão XIII (1810-1903): Vincenzo Gioacchino Pecci, cardeal romano, foi eleito papa em 1878, sucedendo Pio IX. Fez notar-se como reformista social, defendendo em sua encíclica *Rerum novarum*, de 1891, o direito dos trabalhadores de se unirem em sindicatos.

Pasolini, Pier Paolo (1922-1975): Cineasta italiano, defendia um estilo particular, o "cinema de poesia", fundado no "discurso indireto livre", ou seja, "a imersão do autor na personagem". Foi também escritor, dramaturgo, poeta, ensaísta e crítico.

Pedro I, dom (1798-1834): Primeiro imperador do Brasil, responsável pela independência com relação à metrópole portuguesa. Após nove anos de governo, abdicou da regência do Brasil para lutar pela sucessão da coroa de Portugal.

Pereira, Hamilton de Souza Pinto Vaz (1951): Diretor, autor, ator, compositor e diretor musical brasileiro, dirigiu, na década de 1970, todas as peças do grupo teatral Asdrúbal Trouxe o Trombone, do qual era considerado líder.

Platão (427-347 a.C.): Um dos principais filósofos gregos da Antiguidade, discípulo de Sócrates, influenciou profundamente a filosofia ocidental. Para ele, as ideias são o próprio objeto do conhecimento intelectual. Escreveu 38 obras que, pelo gênero predominante adotado, ficaram conhecidas pelo nome coletivo de *Diálogos de Platão*.

Presley, Elvis (1935-1977): Cantor e ator americano, o chamado "rei do *rock*" enlouqueceu multidões com sua voz singular e sua forma ousada de dançar. Entre seus sucessos, estão "Hound dog", "Love me tender" e "Always on my mind". Sua morte é envolta em mistérios e, por isso, alguns de seus fãs acreditam que "Elvis não morreu".

Princip, Gavrilo (1894-1918): Nascido na Bósnia, era membro de uma organização nacionalista conhecida como "Mão Negra", contrária à presença austro-húngara na Sérvia. Foi o responsável, aos 19 anos, pelo assassinato do arquiduque austríaco Franz Ferdinand, fato que serviu de estopim para o início da Primeira Guerra Mundial.

Rodrigues, Nelson (1912-1980): Jornalista e dramaturgo, é considerado por alguns como a mais revolucionária figura do teatro brasileiro. Seus textos eram permeados de incestos, crimes e suicídios. Entre suas peças, destacam-se *Vestido de noiva* e *Toda nudez será castigada*.

Rousseau, Jean-Jacques (1712-1778): Filósofo e enciclopedista suíço, é um dos grandes nomes do Iluminismo francês, conhecido por defender que todos os homens nascem livres. Sua obra abrange uma vasta dimensão de pensamento e de complexidade sobre a natureza humana e as estruturas sociais.

Russo, Renato (1960-1996): Cantor e compositor brasileiro, fundou a Legião Urbana, banda que o tornou conhecido mundialmente. Lançou diversos álbuns e *singles*, a maioria de sua autoria, e participou da efervescência do *rock* brasileiro dos anos 1980. Alguns de seus maiores sucessos são "Índios", "Pais e filhos" e "Que país é este".

Salles, João Moreira (1962): Documentarista, roteirista e produtor brasileiro, dirigiu, entre outros, *Notícias de uma guerra particular* (1999) e *Entreatos* (2004). Em 2006, criou a revista *Piauí*.

Santo Agostinho (354-430): Nascido Agostinho de Hipona, foi um bispo católico, teólogo e filósofo latino. Considerado santo e doutor da Igreja, escreveu mais de 400 sermões, 270 cartas e 150 livros. É famoso por sua conversão ao cristianismo, relatada em seu livro *Confissões*.

Schiller, Friedrich von (1759-1805): Dramaturgo e poeta alemão, foi um dos principais representantes do romantismo europeu, juntamente com Goethe, de quem era amigo. Em 1785 escreveu "Ode à alegria", poema que ficou famoso ao finalizar a *Nona sinfonia* de Beethoven, exaltando a fraternidade entre os homens.

Sebastião, dom (1554-1578): Rei de Portugal, era conhecido como "o Desejado" e "o Encoberto". Desejado porque seu nascimento garantiu a continuidade da dinastia de Avis, uma vez que todos os seus tios e o próprio pai morreram antes de ele nascer. Encoberto porque, desaparecido na batalha de Alcácer-Quibir, no norte da África, fez suscitar a crença de que não estaria morto e voltaria numa manhã de nevoeiro. Esse mito messiânico ficou conhecido como sebastianismo. O reinado de dom Sebastião foi uma época de instabilidade e, como morreu sem deixar herdeiros, fez passar o controle de Portugal a seu tio materno, dom Filipe II da Espanha.

Seixas, Raul (1945-1989): Cantor e compositor brasileiro, o "maluco beleza", como ficou conhecido, foi um dos pioneiros do *rock* no país. Parceiro musical do escritor Paulo Coelho, fundou com ele a Sociedade Alternativa, que divulgava em música de mesmo nome. Morreu aos 44 anos em decorrência de uma pancreatite, causada pelo alcoolismo. "Metamorfose ambulante" e "Tente outra vez" estão entre seus sucessos que são tocados até hoje.

Shaw, Artie (1910-2004): Músico americano, tocou com muitas bandas e orquestras de *jazz*. É considerado por muitos como um dos melhores clarinetistas de todos os tempos.

Simone e Simaria: Dupla de cantoras e compositoras sertanejas, é formada pelas irmãs Simone (1984) e Simaria (1982).

Stálin, Joseph (1879-1953): Estadista comunista soviético, ocupou o governo após a morte de Lênin. Nos anos 1930, instaurou um regime de terror: acabou com as liberdades individuais e criou uma estrutura policial e militar de combate aos inimigos do regime, causando a morte de milhões de pessoas.

Suassuna, Ariano (1927-2014): Professor, advogado, teatrólogo e romancista paraibano, publicou seus primeiros textos nos jornais de Recife em 1942, antes de ingressar na Faculdade de Direito. Em 1946 fundou com amigos escritores e artistas o Teatro do Estudante Pernambucano, onde pôde aprimorar suas obras dramáticas, repletas de expressões populares diversas. Um de seus trabalhos mais conhecidos é *O auto da compadecida* (1955), peça traduzida para diversos idiomas e adaptada também para o cinema.

Tas, Marcelo (1959): É jornalista e comunicador de TV, premiado no Brasil e no exterior, bastante conhecido por seu trabalho como ator, diretor e roteirista na série infantil *Rá-Tim-Bum* (TV Cultura) e por personagens como o repórter fictício Ernesto Varela. Também participou da criação do *Telecurso* (Globo), foi apresentador do *CQC* (Band) e, mais recentemente, do *Papo de Segunda* (GNT), entre outros programas.

Terêncio (c. 185-159 a.C.): Escritor latino, na infância foi levado para Roma como escravo do senador Terêncio Lucano, que lhe proporcionou educação e, tempos depois, o libertou. Foi um dos autores mais estudados na Idade Média e sua obra é composta por seis comédias.

Thomas, Dylan (1914-1953): Nascido no País de Gales, foi um dos maiores poetas de língua inglesa do século XX. Sua obra, marcada pela nostalgia, trata de temas como vida, morte e perda da inocência.

Tomás de Aquino, são (1225-1274): Frade italiano da ordem dominicana, foi um dos mais importantes pensadores da era medieval e influenciou a teologia e a filosofia modernas. Em suas sínteses teológicas, discute o cristianismo com base na filosofia clássica greco-latina, unindo fé e razão.

Travassos, Patrícya (1955): Atriz, apresentadora, roteirista, escritora e compositora, iniciou sua carreira na década de 1970 no grupo teatral Asdrúbal Trouxe o Trombone. Atuou em filmes, novelas e séries, além de peças de teatro. Entrou na Rede Globo em 1980 e, durante quatro anos, criou e escreveu *Armação Ilimitada*, além de ter sido roteirista de *TV Pirata*, *Delegacia de Mulheres*, *Vida ao Vivo Show*, da minissérie *Sex Appeal* e da telenovela *Olho no Olho*.

Trump, Donald (1946): Empresário norte-americano, um dos homens mais ricos do mundo segundo a revista *Forbes*, em 2016 foi eleito presidente dos Estados Unidos, após uma campanha de cunho populista e marcada por acusações de xenofobia e misoginia.

Tucídides (c. 465-395 a.C.): Historiador grego da Antiguidade Clássica, relatou alguns dos fatos mais importantes da história ocidental. Escreveu a *História da guerra do Peloponeso*, da qual participou; nessa obra foram coletados discursos de várias personalidades clássicas, dentre eles, o discurso funerário de Péricles.

Vargas, Getúlio (1882-1954): Político brasileiro que por mais tempo exerceu a presidência da República, assumiu o governo provisório logo após comandar a Revolução de 1930. Em 1934, foi eleito pela assembleia constituinte presidente da República, cargo no qual permaneceu até 1945. No ano de 1951, voltou à presidência pelo Partido Trabalhista Brasileiro (PTB) por votação direta e, com uma política nacionalista, lançou a campanha "O petróleo é nosso", que resultaria na criação da Petrobras e de outras importantes empresas estatais. Permaneceu no poder até suicidar-se, em 1954.

Veloso, Caetano (1942): Cantor e compositor brasileiro, foi um dos líderes da Tropicália, juntamente com Gilberto Gil. Exilado pela ditadura em 1969, viveu na Inglaterra até 1972, quando voltou ao Brasil. Entre os vários discos gravados, destacam-se: *Outras palavras*; *Cores, nomes*; *Uns* e *Circuladô*. Em 1997, publicou o livro *Verdade tropical*.

Zweig, Stefan (1881-1942): Escritor austríaco, nascido numa família judia de burgueses, exilou-se no Brasil à época da Segunda Guerra Mundial. Em 1941, publicou *Brasil, um país do futuro*, um elogio ufanista ao país em que escolheu viver, até se matar com sua esposa.

Especificações técnicas

Fonte: Adobe Garamond Pro 12,5 p
Entrelinha: 18,3 p
Papel (miolo): Off-white 80 g
Papel (capa): Cartão 250 g
Impressão e acabamento: Paym